FITCHBURG PUBLIC LIBRARY
D0779196

FISH!

Stephen C. Lundin, Harry Paul
y John Christensen

La eficacia de un equipo radica en su capacidad de motivación

EMPRESA ACTIVA

Argentina - Chile - Colombia - España
Estados Unidos - México - Venezuela

Título original: *Fish!*
Editor original: Hyperion, Nueva York
Traducción: Mila Martínez Giner

Agradecemos la autorización para reproducir el siguiente material sujeto a copyright: *Simple Abundance: A Daybook of Comfort and Joy*, copyright © 1995 *by* Sarah Ban Breathnach, publicado por Warner Books. Reproducido con autorización del autor; «Faith», de *Where Many Rivers Meet: Poems*, copyright © 1996 *by* David Whyte, publicado por Many Rivers Press. Reproducido con autorización del autor.

Aribau, 142, pral. - 08036 Barcelona
www.empresaactiva.com

ISBN: 84-95787-47-4
Depósito legal: B - 48.943 - 2003

Fotocomposición: Ediciones Urano, S. A.
Impreso por Romanyà Valls, S. A. - Verdaguer, 1 - 08786 Capellades (Barcelona)

Impreso en España - *Printed in Spain*

Dedicatoria

Este libro está dedicado a los millones de trabajadores que se sienten atraídos por la idea de disfrutar de una atmósfera más productiva y relajada en el trabajo, y a los miles de millones de peces que preferirían no encontrarse volando por el aire en Pike Place Fish, el mercado de pescado más famoso del mundo.

Aquí encontrarás las claves para crear un ambiente de trabajo innovador y rentable, en el que una actitud distendida, atenta y entregada conduce a más energía, entusiasmo, productividad y creatividad.

Prefacio

de Ken Blanchard,
coautor de *El ejecutivo al minuto,*
Raving Fans y *Gung Ho!*

Fish! es una historia increíble, que primero fue filmada por John Christensen. Él y su empresa, ChartHouse, produjeron un video sorprendente sobre Pike Place, un famoso mercado de pescado en Seattle. He enseñado este video en todos mis seminarios para ilustrar lo que ocurre cuando creas empleados *Gung Ho!* [totalmente entregados]; pones en marcha tu fuerza de trabajo y creas *Raving Fans* [Admiradores entusiastas].

Ahora, Stephen Lundin y un antiguo compañero mío de trabajo, Harry Paul, han formado equipo con John para publicar la historia de *Fish!* Independientemente del soporte en que se muestre, se trata de una historia de amor fabulosa. Como sugiere el libro, «cuando elegimos amar el trabajo que desempeñamos, todos los días podemos alcanzar el máximo de felicidad, sentido y satisfacción».

¿Eso es importante? Es increíblemente importante, sobre todo si pensamos que buena parte de la población dedica el 75 por ciento de su vida adulta, durante la vigilia, a actividades relacionadas con el trabajo: prepararse para ir al trabajo, dirigirse al trabajo, trabajar, pensar en el trabajo y relajarse después del trabajo. Si le dedicamos tanto tiempo, deberíamos poder disfrutar con ello y sentirnos llenos de energía. Sin embargo, hay demasiada gente que dedica todo ese tiempo al trabajo a cambio de satisfacer sus necesidades en otra parte; «gracias a Dios que es viernes» sigue siendo una forma de vida para mucha gente.

Eso se puede acabar si leéis *Fish!*, lo compartís con todos vuestros compañeros de trabajo y juntos ponéis en práctica los cuatro secretos y las estrategias sugeridas que os proponen Lundin, Paul y Christensen. Os garantizo que los jefes se beneficiarán con este libro porque no sólo conservarán a los empleados, sino que los motivará a rendir más. A todo el mundo le gusta trabajar en un ambiente distendido, lleno de energía y donde se sientan valorados. Los principios de *Fish!* también benefician a los empleados porque el personal mantiene el entusiasmo por lo que hace sin sentirse frustrado.

Como podéis ver, estoy entusiasmado con

este libro. Lo encuentro sencillamente maravilloso. La historia de Pike Place, el mercado de pescado más famoso del mundo, es estupenda. Pero este libro no es una guía para vender más pescado; es una historia de amor que puede ocurrir, también, en vuestra empresa.

Amar lo que haces

Hoy día está de moda creer que nadie debería conformarse con hacer nada salvo lo que a uno realmente le gusta. Escribir poesía, recorrer el mundo en un barco de vela, pintar: haz lo que verdaderamente te gusta, y el dinero ya vendrá. Nos decimos que la vida es demasiado breve para malgastarla dedicando horas a un trabajo que no sea el ideal, y continuamos buscando el lugar de trabajo perfecto. El peligro es que si ese anhelo de alcanzar el trabajo ideal nos hace concentrarnos en el futuro, nos perderemos esa vida maravillosa que se nos brinda ahora, en este momento.

El hecho es que en el mundo real hay condiciones que nos impiden alcanzar ese trabajo ideal y perfecto. Muchos tenemos responsabilidades con la familia, o de otro tipo. Otros, todavía no hemos sentido la llamada de nuestra verdadera vocación. Algunos vivimos sometidos a tanta tensión que no disponemos, literalmente, de tiempo ni energía para buscar otro trabajo.

Fish! es una parábola, un relato inventado sobre la manera en que podemos descubrir la fuente profunda de energía, creatividad y pasión que existe dentro de todos nosotros cuando aprendemos a amar lo que hacemos, incluso si en ese momento no estamos haciendo exactamente lo que amamos.

FISH!

Seattle, lunes por la mañana

Era un lunes húmedo, frío, oscuro y gris en Seattle, dentro y fuera. La mejor previsión del hombre del tiempo del Canal 4 mencionaba la posibilidad de que se abrieran algunos claros hacia el mediodía. En días así, Mary Jane Ramírez echaba de menos el sur de California.

«¡Cuántos cambios!», pensó mientras hacía repaso de los tres últimos años. Dan, su marido, había recibido una oferta interesante de Microrule, y ella había confiado en encontrar trabajo una vez instalados. En el plazo de cuatro semanas les habían notificado el traslado, habían hecho las maletas, cambiado de ciudad y encontrado una fantástica guardería para los niños. Su casa entró en el mercado inmobiliario de Los Ángeles en el momento adecuado y se vendió de inmediato. Tal y como esperaba, Mary Jane encontró rápidamente un puesto de supervisora en el área de servicios internos de First Guarantee Financial, una de las instituciones financieras más importantes de Seattle.

A Dan le encantaba su trabajo en Microrule. Por la noche, llegaba a casa pletórico de energía y con un montón de historias de la gran empresa para la que trabajaba y el trabajo avanzado que hacían. A menudo, Dan y Mary Jane acostaban a los niños y luego se quedaban charlando hasta bien entrada la noche. Aunque Dan estaba entusiasmado con su nueva empresa, se interesaba igualmente por el día que había tenido ella y quería saber cosas acerca de los compañeros de trabajo y los retos que surgían en la vida laboral de su esposa. Era obvio, a primera vista, que eran grandes amigos. El espíritu de cada uno brillaba en presencia del otro.

La cuidadosa planificación de su futuro había anticipado todos los problemas menos uno. Doce meses después de haberse instalado en Seattle, Dan fue ingresado urgentemente aquejado de la rotura de un aneurisma, una «rareza genética», según dijeron, y falleció de un derrame interno sin haber recuperado la conciencia. No hubo ni avisos ni tiempo para despedidas.

«Este mes ha hecho dos años. Ni siquiera llevábamos un año entero en Seattle.»

Frenando estos pensamientos, mientras empezaban a aflorar los recuerdos, sintió cómo la invadía una ola de emoción. No continuó. «Este no es el momento de pensar en mi vida privada; todavía no he llegado a la mitad de la jornada, y estoy hasta arriba de trabajo.»

First Guarantee Financial

En los tres años que llevaba en First Guarantee Financial, Mary Jane se había ganado una gran fama de supervisora competente. No era la primera en llegar ni la última en marcharse, pero su ética del trabajo le impedía que se le acumularan los encargos. De hecho, su manera seria y responsble de trabajar le acarreaba algún problemilla en la empresa, ya que mucha gente intentaba asegurarse de que fuera ella quien lo resolviera todo personalmente. Sabían que el trabajo quedaría terminado a tiempo y sería de óptima calidad.

También era buena jefa. Escuchaba con atención las preocupaciones y las ideas de sus empleados y, a cambio, era apreciada y respetada. No era raro encontrarla haciendo el trabajo de alguien con un hijo enfermo o con una cita importante. Y, como jefa en funciones, hizo que su departamento fuera uno de los que más rendían. Actuaba siempre de una manera relajada, que rara vez generaba tensiones, salvo las que implica hacer bien el trabajo. Los colaboradores y los empleados disfrutaban trabajando con ella. El pequeño grupo de Mary Jane se ganó la fama de ser un equipo con el que se podía contar.

En agudo contraste, había otro departamento más grande en la tercera planta que era a menudo motivo de conversación por la razón opuesta. Expresiones como «no responden», «son insoportables», «están en el limbo», «qué desagradables», «qué lentos», «qué pérdida de tiempo», «aquí todo es negativo» se utilizaban con frecuencia para describirlos. Eran el blanco de todos los odios. Por desgracia para la empresa, casi todos los departamentos tenían que tener contacto con la tercera planta porque allí se procesaba la mayoría de las transacciones del First Guarantee, y todo el mundo temía cualquier contacto con este departamento.

Los jefes se intercambiaban historias sobre

el último fiasco con la tercera planta. Y los que la visitaban, la describían como un lugar tan muerto que te chupaba la vida. Mary Jane aún recordaba la carcajada general que estalló cuando uno de los jefes dijo que se merecía el Premio Nobel. Al preguntarle qué quería decir con eso, contestó: «Porque creo que he descubierto vida en la tercera planta». La gente se desternilló de la risa.

Algunas semanas después, Mary Jane aceptó, no sin cierta reticencia, un ascenso a jefa del departamento de procesamiento de datos de la tercera planta del First Guarantee. Aunque la empresa había puesto grandes esperanzas en ella, Mary Jane tenía muchas dudas sobre la conveniencia de aceptar o no el puesto. Se sentía muy a gusto en su trabajo actual, y sus ganas de correr riesgos habían disminuido después de la muerte de Dan. El departamento que había liderado había estado con ella durante los años duros que siguieron a la muerte de su marido y sentía que tenía un fuerte vínculo con ellos. Era duro abandonar a una gente con la que había compartido tantas cosas y en una época tan mala.

Mary Jane era muy consciente de la terrible reputación de la tercera planta. De hecho, si no hubiera sido por todos los gastos imprevistos de la hospitalización de Dan, seguramente habría rechazado el ascenso y el aumento de sueldo. Pero allí estaba ahora, en la infame tercera planta. Era la tercera persona que ocupaba el puesto en los últimos dos años.

La tercera planta

En las primeras cinco semanas en el nuevo puesto, Mary Jane se había esforzado en entender el trabajo y a la gente. Aunque se sorprendió un poco de que le cayera bien la mayoría de las personas que trabajaban allí, rápidamente se dio cuenta de que la reputación de la tercera planta era merecida. Había observado que Bob, un veterano que llevaba cinco años trabajando en ese departamento, dejaba que el teléfono sonara siete veces antes de cortar deliberadamente la comunicación, desconectando el cable. Había escuchado por casualidad a Martha contar lo que hacía cuando alguien de la empresa la atosigaba para que terminara un trabajo antes: poner el expediente debajo del resto «por error». Y siempre que iba a la sala de descanso, encontraba a alguien dormitando.

Casi todas las mañanas los teléfonos sonaban insistentemente, sin que nadie los descolgara, durante diez o quince minutos después del inicio oficial de la jornada, porque los empleados llegaban tarde. Cuando les preguntaba los motivos, las excusas eran tan numerosas como zafias. Allí todo discurría a cámara lenta. El nombre de «zombies» con el que los habían bautizado, les iba como anillo al dedo. Mary Jane no tenía la menor idea de lo que debía hacer, sólo sabía con absoluta certeza que debía hacer algo, y hacerlo pronto.

La noche anterior, después de acostar a los niños, había intentado analizar la situación describiéndola en su diario, así que se puso a repasar lo que había escrito:

Aunque el viernes hizo un día frío y espantoso fuera, comparado con la vista que tenía dentro, en mi despacho, lo de la calle era jauja. La ausencia de energía era total. A veces me cuesta creer que hay seres humanos en la tercera planta. Sólo cuando alguien explica lo que le ha regalado a un bebé o saca las fotos de una boda cobran vida. No les interesa absolutamente nada que esté relacionado con el trabajo.

Tengo bajo mi responsabilidad a treinta empleados que, por lo general, hacen una jornada corta y a ritmo lento por un sueldo diario bajo. Muchos llevan tantos años trabajando cada día a este ritmo tan lento que están completamente aburridos. Parecen buena gente, pero si alguna vez han estado motivados, eso ya pasó a la historia. En el departamento se respira una atmósfera tan rotundamente depresiva que los nuevos no tardan en perder la chispa rápidamente. Cuando me paseo entre las mesas, tengo la impresión de que me falta oxígeno y me cuesta respirar.

La semana pasada descubrí que cuatro empleados todavía no utilizan el programa de ordenador que se instaló hace dos años. Dicen que prefieren el antiguo. No sé qué más sorpresas me esperan.

Supongo que muchos departamentos de procesamiento de datos funcionan igual. Aquí no hay mucho con lo que entusiasmarse, sólo un montón de operaciones que deben procesarse. Pero no tiene por qué ser así. Debe haber una manera de que entiendan que nuestro trabajo es crucial para la empresa. Gracias a nosotros, otros departamentos pueden atender a nuestros clientes.

Aunque nuestro trabajo sea vital dentro del funcionamiento global, ocurre entre bastidores y, básicamente, nadie le da importancia. Es una parte invisible de la organización, y ni aparecería en la pantalla de radar de la empresa si no fuera por lo malo que es. Y la verdad es que es malo.

No es el amor al trabajo lo que nos motiva a ninguno de los que formamos el departamento. No soy la única persona que tiene problemas económicos en la planta. Muchas mujeres y uno de los hombres viven solos con sus hijos. Jack acaba de llevarse a su padre enfermo a vivir con él. Bonnie y su marido tienen ahora dos nietos que viven con ellos. Todos estamos aquí por tres cosas: el sueldo, la seguridad y las ventajas.

Mary Jane sopesó la última frase que había escrito en su diario. Desde siempre, los puestos del departamento de procesamiento de datos eran para toda la vida. El sueldo no estaba mal y el trabajo era seguro. Mirando las mesas separadas por mamparas que se alineaban fuera de su despacho, se hizo varias preguntas: «¿Saben que esa seguridad con la que sueñan podría ser un espejismo? ¿Se dan cuenta de hasta qué punto las fuerzas del mercado están cambiando esta industria? ¿Comprenden que todos tendremos que cambiar para competir en un mercado de servicios financieros que se consolida a gran velocidad? ¿Son conscientes de que, si no cambian, algún día tendrán que buscarse otro empleo?».

Conocía las respuestas. No, no, no, no. Los miembros de su departamento seguían actuando como siempre. Los habían dejado solos y apartados demasiado tiempo. Cumplían con su trabajo y confiaban en que llegara la jubilación antes que los cambios. ¿Y ella? ¿Tenía una visión diferente?

El teléfono sonó devolviéndola al presente. Los sesenta minutos que siguierno fueron una lucha incesante. Primero se enteró de que había desaparecido el expediente de un cliente importante y que se rumoreaba que había sido visto por última vez en la tercera planta. A continuación, un empleado de otro departamento, harto de que lo tuvieran horas esperando al teléfono, había acudido personalmente a la tercera planta y montado una escena desagradable. Al menos, había algo de energía con la que enfrentarse. Luego, alguien del departamento jurídico se quejó de que le habían colgado el teléfono tres veces. Y uno de los muchos empleados del departamento que estaba de baja, no había entregado un proyecto importante que tenía que estar listo hoy. Una vez que Mary Jane logró sortear la última andanada, cogió su almuerzo y se encaminó a la puerta.

El vertedero de energía tóxica

Mary Jane había empezado a salir a comer fuera de la empresa desde hacía cinco semanas. Sabía que los que comían en la cafetería harían lo que hacían siempre, airear los pecados de la empresa y quejarse de la tercera planta, cosa que para ella se había convertido en algo demasiado personal. Le deprimía escuchar sus quejas, y necesitaba un poco de aire fresco.

Por lo general bajaba la colina y comía en el muelle. Allí, mientras saboreaba un panecillo, contemplaba el agua o veía entrar y salir de las tiendas a los turistas. Era una zona tranquila, y en Puget Sound podía mantener algo de contacto con la naturaleza.

Aquel día, aún no había dado ni dos pasos en dirección a la puerta cuando escuchó el inconfundible sonido de su teléfono sonando. «A lo mejor es la guardería. Stacey moqueaba esta mañana.»

—Mary Jane Ramirez —dijo jadeando.

—Mary Jane, soy Bill.

«¡Vaya! ¿Qué querrá?», se preguntó mientras escuchaba la voz de su jefe. Bill era otra de las razones por las que se lo pensó dos veces antes de aceptar el trabajo en la tercera planta. Tenía fama de ser un auténtico cabrón. Y, de momento, hacía honor a su reputación. Era de los que daban órdenes, interrumpían a mitad de la frase, y tenía la enojosa costumbre de preguntar sobre el estado de los proyectos con paternalismo. «Mary Jane, ¿tienes bajo control el proyecto Stanton?», como si ella no tuviera ni idea. Mary Jane era la tercera persona que ocupaba el puesto de jefe del departamento en dos años y por lo que empezaba a ver, los problemas no eran solamente del personal, sino también de Bill.

—Acabo de salir de una reunión que ha durado toda la mañana, con los jefes, y quiero que nos veamos esta tarde.

—Claro, Bill. ¿Hay algún problema?

—La dirección está convencida de que se acercan tiempos duros y que, para sobrevivir, todos tendremos que esforzarnos. O hay una mayor productividad de los empleados o tendremos que empezar a hacer cambios. Hemos hablado del efecto corrosivo de algunos departamentos donde la energía y la moral son tan bajas que acaban por contagiar a cualquiera.

Una sensación de terror se apoderó de Mary Jane.

—El gran jefe ha ido a una de esas conferencias sobre actitudes y entorno laboral y ha vuelto entusiasmado. A mí no me parece justo echar todas las culpas a la tercera planta, pero él parece estar convencido de que la tercera planta es el gran problema.

—¿Ha mencionado explícitamente la tercera planta?

—No sólo ha mencionado la tercera planta sino que le ha dado un nombre. La ha llamado un «vertedero de energía tóxica». No quiero que uno de mis departamentos se llame «vertedero de energía tóxica». ¡Es inaceptable! ¡Enojoso!

—¿Un vertedero de energía tóxica?

—Sí. Y me ha interrogado sobre lo que voy a

hacer. Le he dicho que compartía su preocupación y que te había traído a ti para resolver el problema. Me ha dicho que quiere estar informado de los progresos. ¿Qué? ¿Ya está resuelto?

¿Qué si ya está resuelto? ¡Sólo llevo cinco semanas en el puesto!

—Todavía no —contestó.

—Bueno, tendrás que darte prisa, Mary Jane. Y si no puedes, necesito saberlo para hacer los cambios oportunos. El jefe está absolutamente convencido de que lo que necesitamos es más energía, pasión y espíritu en el trabajo. Yo no acabo de entender porqué. Lo que se hace allí no es componer música. Personalmente nunca he esperado mucho de un montón de oficinistas. Supongo que hace tanto tiempo que la tercera planta es el blanco de todas las bromas que piensa que si lo cambia, resolveremos el problema. ¿A qué hora podríamos quedar?

—¿Qué tal a las dos, Bill?

—¿Mejor a las dos y media?

—¡Claro!

Bill debió de notar la frustración en su voz.

—No te deprimas, Mary Jane. Es cuestión de ponerte a trabajar. —Es bastante insoportable—, pensó mientras colgaba el teléfono. ¡No te deprimas! Es mi jefe y el problema es real. ¡Pero menudo imbécil!»

Un cambio en la rutina

La mente de Mary Jane bullía mientras se dirigía hacia los ascensores por segunda vez. En lugar de bajar por la colina hacia la zona portuaria, como de costumbre, giró a la derecha por la calle Primera, pensando que necesitaba dar un paseo más largo. Las palabras «vertedero de energía tóxica» retumbaban en su cabeza.

«¡Vertedero de energía tóxica! ¿Qué vendrá después?» Iba caminando por la calle Primera cuando oyó una vocecita dentro de su cabeza que le susurrraba, «la energía tóxica es lo que más aborreces de la tercera planta. Tienes que hacer algo».

El paseo impulsivo de Mary Jane la llevó hasta una parte de la ciudad desconocida para ella. Unas carcajadas atrajeron su atención y se sorprendió al ver el mercado público a su izquierda. Había oído hablar de él, pero, en su situación económica actual y con dos niños pequeños, procuraba evitar los mercados con renombre. Dado que tenía necesidad de vivir frugalmente hasta que pagara todas las facturas médicas, era más sencillo no visitarlo. Había pasado en coche por la zona, pero era la primera vez que lo hacía a pie.

Cuando se giró y caminó hacia Pike Place, se

fijó en un grupo numeroso de gente bien vestida, que estaba apiñada delante de uno de los puestos de pescado, riendo. Al principio sintió que rechazaba la risa, preocupada como estaba. Ya iba a dar media vuelta cuando oyó una voz en su cabeza que le dijo, «No me vendría mal reírme un poco» y se acercó al grupo. Uno de los pescaderos gritó: «Buenas tardes, señoritos yogur». Docenas de personas bien vestidas levantaron sus vasos de yogur en el aire. «¡Señor! —pensó—, ¿dónde me he metido?»

Pike Place, el mundialmente famoso mercado de pescado

«¿Es un pescado lo que acabo de ver volando por los aires?» No sabía si le engañaba la vista; entonces, volvió a suceder. Uno de los trabajadores, inconfundible con su delantal blanco y unas botas negras de goma, cogió un pescado grande y lo lanzó hacia un mostrador a seis metros de distancia, gritando: «Salmón volando rumbo a Minnesota». Entonces, el resto de sus compañeros gritó al unísono: «Salmón volando rumbo a Minnesota». En un alarde de destreza, el empleado de detrás del mostrador atrapó el salmón en el aire con una mano para seguidamente inclinar la cabeza saludando al público que aplaudía su destreza. La energía era notable.

A la derecha, otro empleado que movía la boca de un pez grande como si estuviera hablando, hacía las delicias de un niño pequeño. Otro pescadero, algo mayor y con algunas canas, se paseaba de un lado a otro gritando: «Preguntas, preguntas, respuestas a cualquier pregunta sobre pescados». En la caja, un empleado joven hacía malabarismos con unos cangrejos. Dos jubilados reían con ganas de la conversación que mantenía su pescadero con el pescado que habían elegido. El lugar resultaba increíble. Mary Jane notó que empezaba a relajarse mientras disfrutaba del espectáculo.

Miró a la gente que sostenía los vasos de yogur en el aire y pensó: «Oficinistas. ¿De verdad compran pescado a la hora del almuerzo, o sólo vienen a contemplar el espectáculo?».

Sin que se diera cuenta, uno de los pescaderos había reparado en ella. Había algo en su curiosidad y en su aire serio que le animó a acercársele.

—¿Qué pasa? ¿No tienes yogur?

Ella le miró y vio a un hombre joven y atractivo de pelo negro, largo y rizado. La miraba fijamente, con una gran sonrisa en la cara.

—Tengo un yogur en el bolso —tartamudeó

señalando su bolso marrón—, pero no sé muy bien qué tengo que hacer.

—¿Has venido alguna vez por aquí?

—No. Suelo comer en el muelle.

—Te entiendo; se está muy tranquilo al lado del agua. Es todo lo contrario de este lugar, eso seguro. ¿Y por qué has venido hoy?

A su derecha, uno de los pescaderos gritaba con aire perdido: «¿Quién quiere comprar pescado?». Otro bromeaba con una mujer joven. Un cangrejo pasó volando por encima de la cabeza de Mary Jane.

—Seis cangrejos volando rumbo a Montana —gritó alguien.

—Seis cangrejos volando rumbo a Montana —corearon todos.

Otro empleado, que llevaba un gorro de lana, bailaba detrás de la caja. Mary Jane se sentía rodeada de una euforia controlada, como la de las atracciones de la feria, pero mejor. Sin embargo, el pescadero que había hablado con ella no parecía en absoluto distraído. Aguardaba tranquilo y pacientemente su respuesta. «Caramba —pensó—, parece que de verdad le interesa mi respuesta. Pero no voy a contarle a un desconocido mis problemas en el trabajo.» Sin embargo, eso fue precisamente lo que hizo.

Se llamaba Lonnie y escuchó con atención la

descripción de la tercera planta. No reaccionó cuando uno de los pescados golpeó contra una cuerda y cayó al suelo junto a ellos. Escuchó atentamente la descripción que Mary Jane le hacía de los numerosos problemas que había identificado en los empleados. Cuando acabó de contarle la historia, miró a Lonnie y le preguntó:

—¿Qué opinas de mi vertedero de energía tóxica?

—Menuda historia. Yo también he trabajado en lugares horrorosos. De hecho, este lugar era bastante lúgubre. ¿Qué notas en el mercado ahora?

—Ruido, acción, energía —contestó Mary Jane sin dudarlo ni un momento.

—¿Y qué opinas de toda esta energía?

—Me gusta —contestó—. Me gusta mucho.

—A mí también. Me ha malcriado para toda la vida. Creo que no podría trabajar en un mercado típico después de haber probado esto. Como te decía, al principio no era así. Durante mucho tiempo fue también un vertedero de energía. Luego decidimos cambiar las cosas y este es el resultado. ¿Crees que con esta energía habría algún cambio en tu departamento?

—Desde luego que sí. Es lo que necesitamos en el vertedero —dijo sonriendo.

—Me gustaría explicarte qué es lo que hace,

en mi opinión, que este mercado sea diferente. ¡Quién sabe! A lo mejor te doy ideas.

—Pero, nosotros no podemos arrojarnos nada los unos a los otros. El trabajo es aburrido. La mayoría...

—No corras. No tenéis que lanzaros nada. Por supuesto que tu trabajo es diferente y parece que tienes un reto muy serio por delante. Me gustaría ayudarte. ¿Y si encuentras la manera de aplicar algunas de las lecciones que has aprendido en tu primera visita al mundialmente famoso mercado de pescado de Pike Place? ¿La posibilidad de tener un departamento pletórico no es razón suficiente para que aprendas las lecciones?

—¡Sí! ¡Por supuesto! Pero ¿por qué quieres ayudarme?

—Formar parte de esta pequeña comunidad de pescaderos y vivir lo que has vivido hoy aquí cambió mi vida. Te ahorraré los detalles, pero mi vida era un desastre cuando acepté este trabajo. Trabajar aquí me salvó literalmente la vida. Aunque suene un poco ingenuo, creo que tengo la obligación de buscar maneras de demostrar mi gratitud por la vida que disfruto. Tú me lo has puesto fácil contándome tu problema. Creo sinceramente que podrás encontrar algunas respuestas aquí. Hemos creado mucha energía.

Mientras decía la palabra *energía*, un cangrejo pasó volando y alguien gritó con acento tejano:

—Cinco cangrejos volando con destino a Wisconsin.

El coro repitió:

—Cinco cangrejos volando con destino a Wisconsin.

—De acuerdo —dijo ella, riendo en voz alta—. Si este mercado tiene algo, ese algo es energía. ¡Trato hecho! —Miró el reloj y calculó que tendría que volver deprisa para no llegar tarde. No tenía dudas de que sus salidas y entradas eran cronometradas por los empleados.

Lonnie captó el gesto y dijo:

—Oye, ¿por qué no vuelves mañana a la hora de comer, y te traes dos yogures? —Se giró e inmediatamente empezó a explicarle a un joven, vestido con una chaqueta vikinga, las diferencias entre un salmón de río y un salmón de vivero.

Segunda visita

El martes, a la hora de comer, Mary Jane se apresuró por la calle Primera, camino del mercado. Lonnie estaba esperándola; apareció inmediatamente entre la multitud y la condujo a través de una rampa, más allá de la franquicia de la tienda de camisetas.

—Hay unas mesas al final del pasillo —dijo, guiándola hasta una pequeña habitación acristalada con una magnífica vista del puerto y de Puget Sound. Lonnie se comió un panecillo y el yogur que le había traído Mary Jane, mientras ella se comía el suyo y se interesaba por el funcionamiento de la pescadería. Ser pescadero no sonaba muy atractivo después que Lonnie le explicara cómo era un día típico; eso hizo que la actitud de los empleados de Pike Place aún le resultara más impresionante.

—Parece que tu trabajo y el mío tienen más cosas en común de lo que me imaginaba al principio —dijo ella, después de que Lonnie le describiera las aburridas tareas que tenía que realizar cada día.

Lonnie la miró.

—¿En serio?

—Sí. La mayor parte del trabajo que hacen mis empleados es, como mínimo, carente de interés y repetitivo. No obstante, es un trabajo importante. No vemos nunca al cliente, pero si cometemos un error, éste se enfada y se nos critica mucho. Si hacemos bien nuestro trabajo, nadie repara en él. En general, el trabajo es aburrido. Vosotros habéis cogido un trabajo aburrido y habéis encontrado la manera de hacerlo interesante. Eso lo encuentro fascinante.

—¿Has pensando alguna vez que cualquier trabajo puede resultar aburrido para la persona que lo tiene que hacer? Algunos de los ejecutivos del yogur viajan por todo el mundo por negocios. A mí me parece muy atractivo, pero ellos me dicen que te cansas rápido. Supongo que en determinadas circunstancias, cualquier trabajo puede ser aburrido.

—Estoy de acuerdo con lo que dices. Hace muchos años, me surgió la oportunidad de hacer un trabajo con el que las adolescentes sueñan a menudo: me ofrecieron un contrato de modelo. Pero al acabar el mes, ya estaba muerta de aburrimiento. Te pasabas todo el día cruzada de brazos, esperando. O mira a los locutores, por ejemplo. Desde entonces, he aprendido que muchos no hacen otra cosa que leer el texto de otros. Esto también me parece aburrido, al menos a mí.

—Muy bien. Si estamos de acuerdo en que cualquier trabajo puede ser aburrido, ¿estamos de acuerdo en que cualquier trabajo se puede hacer con energía y entusiasmo?

—No estoy tan segura. ¿Puedes darme un ejemplo?

—Muy fácil. Date una vuelta por el mercado y mira las otras pescaderías. No es lo mismo.

Son, ¿cómo los llamaste? Vertederos de energía tóxica. De hecho, su actitud hacia el trabajo nos beneficia mucho. Ya te dije que Pike Place antes no era así. Entonces descubrimos una cosa increíble. *Aunque no puedas escoger el trabajo en sí, siempre puedes elegir cómo lo vas a hacer.* Esa fue la gran lección que aprendimos cuando creamos el mundialmente famoso mercado de pescado de Pike Place. *Podemos elegir la actitud que tenemos en nuestro trabajo.*

ELIGE TU ACTITUD

Mary Jane sacó una libreta y empezó a escribir:

Aunque no puedas
escoger el trabajo,
siempre puedes
elegir cómo lo harás

Luego pensó en las palabras que había escrito y preguntó:

—¿Por qué no se puede escoger el trabajo?

—Buena pregunta. Siempre puedes renunciar; en ese sentido sí que puedes escoger el trabajo que haces. Pero, a lo mejor no es la decisión más acertada porque tienes responsabilidades, o por otros motivos. A eso me refiero cuando hablo de escoger. Sin embargo, siempre tienes la opción de elegir la actitud que vas a adoptar en el trabajo.

»Te voy a contar una cosa de mi abuela. Ella siempre lo hacía todo con amor y buena cara. A todos sus nietos nos gustaba ayudarle en la cocina, porque fregar los platos con ella era muy divertido. Y de paso, sin darnos cuenta, aprendíamos mucho de cocina. Así, cuando éramos niños, tuvimos un privilegio muy especial: la compañía de un adulto que se preocupaba por nosotros.

»Ahora me doy cuenta de que a mi abuela no le gustaba fregar los platos. Ponía amor en hacerlo y nos contagiaba su espíritu.

»De la misma manera, mis amigos y yo nos dimos cuenta que cada día al venir aquí, traíamos una actitud. Podemos venir de mal humor y tener un día deprimente. Podemos mostrarnos antipáticos e irritarnos con los compañeros y con los clientes. O traer una actitud alegre y desenfadada y pasar un día fantástico. Podemos elegir la clase de día que queremos pasar. Estuvimos mucho tiempo hablando de ello y nos dimos cuenta de que, ya que teníamos que trabajar, lo mejor era pasarlo lo mejor posible. ¿Le ves sentido?

—Mucho.

—De hecho, nos entusiasmamos tanto con lo de elegir, que de paso decidimos hacernos mundialmente famosos. Pasar un día siendo «mundialmente famoso» es mucho más agradable que pasar un día siendo vulgar. ¿Ves lo que quiero decir? Trabajar en una pescadería no es fácil; hace frío, hay humedad, huele mal y te puedes resbalar. Pero podemos elegir qué actitud vamos a adoptar mientras hacemos el trabajo.

—Sí, me parece que lo entiendo. Tu eliges cada día la actitud que vas a tener en el trabajo. Esa elección determina tu comportamiento. Ya que estás aquí, ¿por qué no elegir ser una pescadería mundialmente famosa, en vez de ser una más? Parece tan sencillo.

—Es fácil de entender, pero no tan fácil de hacer. No creamos este lugar de la noche a la mañana; tardamos casi un año. Yo era un caso difícil. Digamos que era un resentido. Mi vida personal estaba completamente descontrolada. Tampoco le daba muchas vueltas, pensaba que sabía muy bien lo que hacía. La vida era dura y yo respondía de la misma manera, siendo duro. Entonces, cuando decidimos crear un puesto de pescado diferente, me resistí a aceptar que yo podía elegir cómo vivir cada día. Había invertido demasiado en ser una víctima. Uno de los compañeros, mayor que yo, que también había pasado una mala racha, me llevó aparte y me lo explicó, de pescadero a pescadero. Pensé mucho en lo que me dijo y decidí probar. Ahora soy un «creyente». Cada persona puede escoger su actitud. Lo sé porque yo escojo la mía.

Mary Jane estaba impresionada por lo que estaba oyendo y también con la persona de quien lo estaba oyendo. Al levantar los ojos se encontró a Lonnie mirándola con curiosidad y se dio cuenta de que llevaba un rato soñando despierta.

—Lo siento. Lo probaré. ¿Qué otras cosas explican vuestro éxito?

—Hay cuatro ingredientes, pero este es el principal. Sin escoger la actitud, los otros son una pérdida de tiempo. Así que vamos a pararnos aquí y dejar el resto para después. Toma el primer ingrediente y mira qué puedes hacer con él en la tercera planta. Llámame cuando estés lista para hablar de los otros. ¿Tienes nuestro número?

—Está escrito por todas partes.

—Claro. No somos precisamente tímidos, ¿verdad? Hasta pronto y gracias por el yogur.

El coraje de cambiar

Las exigencias de su puesto tuvieron a Mary Jane ocupada en actividades rutinarias los dos días siguientes. O, al menos, esa era su excusa. Pero sus pensamientos volaban a menudo a la conversación que había mantenido con Lonnie y la idea de escoger la actitud que tienes en el trabajo. Se daba cuenta de que, aunque estaba de acuerdo con la filosofía del puesto de pescado, había algo que le impedía dar el paso. «En caso de duda, reúne más información», pensó.

El viernes decidió preguntar a Bill sobre la conferencia a la que había acudido su jefe, la que trataba de la influencia de las actitudes en el entorno laboral. Quería saber más sobre aquella experiencia. Aquella tarde le llamó.

—Bill, ¿cómo puedo documentarme sobre la conferencia acerca del entorno laboral a la que acudió el gran jefe?

—¿Para qué quieres documentarte? Era una de esas charlas inspiradas en la Nueva Era. Seguro que pasan la mayor parte del tiempo dándose baños calientes. ¿Qué sentido tiene perder el tiempo con eso?

Mary Jane notó que se estaba enfadando. Respiró hondo.

—Escucha, Bill, cuando acepté este trabajo,

los dos sabíamos que había mucho que hacer. Ahora las expectativas son mayores y el tiempo se ha reducido. Los dos estamos metidos en esto hasta el fondo. ¿Me vas a ayudar o me lo vas a poner más difícil?

«No puedo creer que le haya hablado así —pensó—. ¡Pero qué bien me ha sentado!»

Bill respondió bien; era como si se sintiera más cómodo ante un enfrentamiento más directo.

—Vale, vale, será mejor que no nos pongamos nerviosos. Tengo una cinta en mi mesa que se supone que tenía que escuchar, pero no he tenido tiempo. Escúchala y cuéntame después lo que dice.

—Por supuesto, Bill. Pasaré a recogerla.

Una vuelta a casa memorable

En el viaje de vuelta a Bellevue desde el trabajo hubo varios atascos, pero Mary Jane ni se enteró. No dejaba de darle vueltas a su situación. «¿Cuándo perdí mi confianza? —se preguntó—. Decirle a Bill lo que pensaba ha sido la primera cosa valiente que he hecho en mucho tiempo. Dos años para ser exactos», calculó, y las piezas empezaron a encajar en el umbral de la conciencia. «Demasiadas cosas en las que pensar.» Sintiéndose abrumada, introdujo la cinta de Bill en el radiocasete.

Desde los altavoces estéreo del coche le llegó una voz profunda y resonante que hipnotizaba. La cinta contenía la grabación de un verso de un poeta que llevó su poesía a su puesto de trabajo, convencido de que el lenguaje poético los ayudaría a solucionar mejor los temas del día. El poeta era David Whyte. Hablaba un poco y luego recitaba el poema. Sus poemas y sus historias le traspasaron. Aquellas frases le asaltaron.

> Las necesidades de la organización y nuestras propias necesidades como trabajadores son las mismas: creatividad, pasión, flexibilidad, entusiasmo.

> «Sí», pensó.

> En verano, cuando aparcamos el coche delante del trabajo, dejamos la ventillas un poco abiertas, no para proteger la tapicería del excesivo calor, sino porque sólo el 60% de nuestro ser entra en las oficinas y el resto se queda en el coche todo el día y tiene que poder respirar ahí dentro. ¿Qué pasaría si llevásemos todo nuestro ser al trabajo?

«¿Quién es este hombre?» Entonces, sin previo aviso, se notó que se emocionaba cuando escuchó a David Whyte recitar su poema *Fe*. Lo presentó ante el público diciendo que lo había escrito en una época en la que tenía muy poca fe en sí mismo:

Fe

de David Whyte

Quiero escribir sobre la fe,
sobre la luna que se eleva
por encima de la nieve, cada noche

Y tiene fe, aunque vaya perdiendo su plenitud
y se convierte lentamente en la última
e imposible rendija de luz,
antes de abandonarse a la oscuridad total.
Pero a mí no me queda fe
y me niego a cederle el menor paso.

Que sea este poema,
como la luna nueva,
esbelta y recién estrenada
la primera oración que me lleve a la fe.

«De manera que a esto se refiere la frase: *Cuando el estudiante está listo, el profesor aparece.*» El poema había sido como una iluminación y Mary Jane pudo ver, por fin, lo que le impedía dar el paso. Tras la muerte repentina de Dan y la presión de tener que cuidar de sus dos hijos en solitario, había perdido la fe en su habilidad de sobrevivir en el mundo. Tenía miedo de que si corría riesgos y fracasaba, no sería capaz de mantenerse ni a sí misma ni a sus hijos.

Liderar un cambio en el trabajo sería arriesgado. Podía fracasar y perder su empleo. La posibilidad era real. Entonces se puso a pensar en el riesgo de no hacer nada. «Si no cambiamos, es posible que nos quedemos todos sin trabajo. No sólo eso: no quiero trabajar en un lugar que no tenga vida ni energía. Sé lo que eso me haría con el tiempo, y la idea no es muy agradable. ¿Qué clase de madre sería si dejo que eso ocurra? ¿Qué ejemplo daría? Si pongo en marcha el proceso de cambio el lunes, el primer paso debe ser que yo cambie de actitud. Escojo tener fe. Debo confiar en que, pase lo que pase, estaré bien.

»Soy una superviviente; lo he demostrado. Pase lo que pase, estaré bien. Es hora de limpiar el vertedero de energía tóxica. Y lo es no sólo porque sería bueno para el negocio, que sé que lo será; ni tampoco porque me hayan retado a solucionar el problema, que es una razón importante, pero no deja de ser una motivación exterior. La razón primordial para seguir adelante está dentro de mí. Es hora de que renueve la confianza en mí misma, y una manera de hacerlo es solucionando este problema.»

Recordó algunas líneas de la cinta:

> No creo que las empresas sean necesariamente cárceles, aunque a veces las convertimos en cárceles por la manera en que escogemos trabajar dentro de ellas. He creado una prisión, y sus muros son mi propia falta de fe en mí mismo.

La metáfora de la prisión le sonaba familiar, estaba segura de haberla oído antes en un seminario al que había acudido. En cuanto llegó a la guardería, aparcó el coche, sacó su diario y escribió:

La vida es demasiado preciosa para desaprovechar el tiempo, no digamos ya la mitad de las horas que pasamos despiertos, en un vertedero de energía tóxica. No quiero vivir así, y estoy segura de que mis colegas pensarán igual una vez que tengan una alternativa clara.

La filosofía de mi departamento es así desde hace mucho tiempo. Para cambiarla, tendré que correr riesgos personales sin ninguna certeza de alcanzar el éxito. Quizá sea una bendición. Sucesos recientes me han hecho perder la fe en mí misma, y correr los riesgos necesarios quizá me ayude a recuperarla. El hecho es que el riesgo de no hacer nada seguramente es mayor que el riesgo de actuar.

Entre mis notas, en alguna parte, hay material con un mensaje que podría serme útil. Tengo que encontrar ese mensaje porque necesito toda la ayuda que pueda conseguir.

Pensando en eso, se bajó del coche y fue a recoger a su hija.

—Mamá, mamá, tienes los ojos húmedos. ¿Has llorado? ¿Pasa algo, mamá?

—Sí, cariño, he llorado, pero eran lágrimas buenas. ¿Qué tal has pasado el día?

—He hecho un dibujo de nosotros. ¿Quieres verlo?

—Claro que sí. —Bajó la vista y miró las cuatro figuras que su hija había dibujado.

Luego, volvió la vista hacia ella.

—¡Muy bien! —suspiró—. *Otra prueba más de fe.*

»Recoge tus cosas, cariño; tenemos que ir a buscar a Brad.

Domingo por la tarde

El domingo por la tarde Mary Jane se reservaba un poco de tiempo para ella. Había contratado una canguro para que los domingos estuviera con los niños como mínimo dos horas. Era una pequeña recompensa que se daba, algo que siempre la dejaba fresca y lista para hacer frente a los retos familiares y laborales. Empleaba el tiempo en leer material que le sirviera de inspiración, una nueva novela, dar un paseo en bicicleta o saborear un café y relajarse. Seattle estaba lleno de cafés, y había uno estupendo a tan sólo tres manzanas de su casa. Cogió algunos libros y se fue a la calle. Su mesa favorita, en un rincón tranquilo del café, la estaba esperando.

—Un café con leche desnatada y en taza grande, por favor. —Se sentó con su café y decidió empezar con una lectura que la inspirara.

Cogió una copia gastada de *El encanto de las cosas simples**, de Sarah Ban Breathnach, un libro con una lectura para cada día del año, y buscó el 8 de febrero. Unas palabras clave parecieron saltar de la página:

> La mayoría de nosotros nos sentimos incómodos si nos vemos como artistas, y sin embargo cada uno de nosotros lo es. Cada día, con cada *elección*, *creamos* una obra de arte única. Algo que sólo uno puede hacer... La razón por la que naciste fue para dejar tu marca indeleble en el mundo. Esa es tu *autenticidad*... *Respeta* tus urgencias creativas... apuesta por la *fe*... descubrirás que tus *elecciones* son tan auténticas como lo eres tú. Es más, descubrirás que tu vida es todo lo que se supone que debe ser: un alegre soneto de acción de gracias.

Había planeado pensar en el trabajo, y las palabras sobre la elección y la fe la transportaron al puesto de pescado. «Esos hombres son artistas —pensó—, y han elegido crear cada día.» Y a ella también se le ocurrió un pensamiento asombroso: «Yo también puedo ser una artista».

* Publicado por Ediciones B. *(N. del E.)*

Entonces cogió una carpeta de un seminario sobre liderazgo al que había asistido. Allí había escuchado por primera vez la palabra cárcel utilizada como metáfora para el trabajo. Dentro había una fotocopia descolorida de un discurso escrito por John Gardner. Recordó que Gardner animó a la gente a fotocopiar sus papeles, «un gesto generoso», pensó. «Debió de decir algo importante, si aún me acuerdo de él después de tanto tiempo.» Repasó el discurso página por página.

El escrito de John Gardner

El pasaje empieza:

> No se sabe por qué algunos hombres y mujeres se marchitan mientras que otros permanecen vitales hasta el final de sus días. Es posible que marchitarse no sea la palabra adecuada. Quizá debería decir que mucha gente, en algún punto del camino, deja de aprender y de crecer.

Mary Jane levantó la vista mientras pensaba: «Eso encaja con mi grupo; y también con mi viejo yo». Sonrió ante la decisión que implica decir «mi viejo yo». Volvió al pasaje.

Debemos ser comprensivos al juzgar las razones. Quizá la vida les ha presentado problemas más duros de los que podían resolver. Quizás algo ha herido profundamente su confianza en sí mismos o su autoestima. O quizá han corrido tan duramente y durante tanto tiempo que han olvidado por qué corrían.

Estoy hablando de personas que, por muy ocupadas que parezcan estar, han dejado de aprender y de crecer. No me burlo. La vida es dura. A veces, concentrarnos en seguir adelante es un acto de coraje...

Tenemos que afrontar el hecho de que la mayoría de los hombres y las mujeres que se encuentran en el mundo laboral tienen menos inventiva y están más cansados de lo que creen, de lo que saben, y más aburridos de lo que se atreverían a admitir.

Un famoso escritor francés dijo: «Hay personas cuyo reloj se detiene en un momento determinado de su vida». He observado cómo se mueve mucha gente por la vida. Como dice Yogui Berra: «Al mirar se ven muchas cosas». *Estoy convencido de que la mayoría de la gente disfruta aprendiendo y creciendo, sea cual sea el punto de la vida en el que se encuentren.* Si somos conscientes del peligro de marchitarnos, podemos tomar medidas para evitarlo. Si tu reloj se ha parado, puedes volver a darle cuerda.

Hay algo que yo sé de ti que quizá tú no sepas de ti mismo. Dentro de ti tienes más recursos de energía de los que nunca has utilizado, más talento del que nunca has aprovechado, más fuerza de la que nunca has puesto a prueba, y más que dar de lo que nunca has dado.

«No me extraña que me acuerde de John Gardner. Tengo muchos relojes a los que dar cuerda, pero al primero que necesito dar cuerda es al mío», pensó.

La hora siguiente, Mary Jane se la pasó escribiendo en su diario y se alegró al comprobar que se sentía más tranquila. Mientras se preparaba para volver a casa, miró lo que había escrito y marcó con un círculo la sección que la guiaría el lunes por la mañana.

Solucionar el problema del vertedero
de energía tóxica exigirá que me
convierta en líder en todos los sentidos
de la palabra. Tendré que arriesgarme
a la posibilidad de fracasar. No habrá

un puerto seguro. Pero no tomar ninguna acción supondría el fracaso rotundo. Tengo que empezar como sea. Mi primer paso es cambiar de actitud. Elijo la confianza, la esperanza y la fe. Daré cuerda a mi reloj y me prepararé para disfrutar aprendiendo y creciendo mientras trabajo para aplicar las lecciones del puesto de pescado a mi vertedero de energía tóxica.

Lunes por la mañana

A las 5.30 de la mañana se sintió un poco culpable mientras esperaba que abriera la guardería de su hija. En días raros como aquel, dejaba a Brad en la guardería hasta que llegaba un autobús que lo llevaba a la escuela. Miró a sus hijos, que tenían ojos de sueño y dijo:

—No acostumbro a levantaros tan temprano, niños, pero hoy tengo que estar pronto en la oficina para preparar un proyecto realmente importante.

Brad se restregó los ojos y dijo:

—No importa, mamá.

Y Stacey añadió:

—Sí, es divertido llegar los primeros. Así cogeremos los video-juegos que queramos.

Cuando se abrieron las puertas, Mary Jane los acompañó dentro y dio un gran abrazo a cada uno. Antes de irse, se volvió para mirarlos y comprobó que ya estaban entretenidos.

Apenas encontró tráfico. A las 5.55 estaba en su despacho, con una humeante taza de café y varias hojas delante. Cogió un rotulador y escribió en grandes letras:

Escoge tu actitud

Pasos:

- Convoca una reunión y di lo que piensas.
- Busca un mensaje que transmita la noción de elegir una actitud de manera que todo el mundo pueda entender y personalizar.
- Proporciona la motivación necesaria.
- Persiste con fe.

«Ahora viene la parte más difícil. ¿Qué le digo a los empleados de la tercera planta?» Y empezó a escribir sus pensamientos.

Los lunes por la mañana, la plantilla del departamento se reunía en dos turnos; un grupo atendía las llamadas mientras el otro se reunía con ella en la sala de conferencias, y luego cambiaban. Cuando estuvo reunido el primer grupo, escuchó los resúmenes de las actividades familiares y las quejas universales sobre el lunes por la mañana. «Son buena gente», pensó; notó que el corazón le latía más rápido cuando se callaron y le prestaron atención. «¡Ahí voy!»

La presentación de Mary Jane

—Hoy hablaremos de un tema importante. Hace dos semanas, el vicepresidente de la empresa asistió a una conferencia y volvió convencido de que First Guarantee necesita una inyección de energía y entusiasmo. Volvió convencido de que la energía y el entusiasmo son las claves para mejorar la productividad, reclutar personal con éxito, conservarlo a largo plazo, prestar un buen servicio al cliente y desarrollar muchas cualidades más que se necesitan para competir en un negocio en continua transformación. Convocó una reunión de jefes de departamento y en esa reunión se refirió a la tercera planta como «un vertedero de energía tóxica». Habéis oído bien.

Dijo que nuestra planta era un vertedero de energía tóxica, y dijo que había que depurarlo.

Mary Jane miró las expresiones de sobresalto. El primer comentario vino de Adam, un empleado que llevaba mucho tiempo trabajando.

—Me gustaría ver cómo lo harían ellos. Es el trabajo más aburrido de la Tierra.

Luego intervino uno de los empleados con menos energía:

—¿Qué importa la energía? El trabajo se hace, ¿no?

Nadie impugnó la acusación de que la energía era tóxica.

Mary Jane prosiguió.

—Quiero que sepáis que este asunto no quedará así. El vicepresidente del grupo puede que pierda interés, es posible que Bill lo olvide con el tiempo, pero yo no. Porque estoy completamente de acuerdo. Somos un vertedero de energía tóxica. Otros departamentos de la empresa detestan tener tratos con nosotros. También nos llaman el hoyo. Hacen bromas sobre nosotros durante la comida. Se ríen de nosotros en los pasillos. Y tienen razón. ¡Caramba! A muchos de ellos les fastidia venir aquí, y hasta nosotros lo llamamos el pozo. Creo que podemos y debemos cambiar. Y quiero que sepan el porqué.

Las expresiones de sobresalto fueron reemplazadas por expresiones de asombro. El silencio era absoluto.

—Ya conocéis mi historia. Que Dan y yo vinimos a esta ciudad con esperanzas, sueños y dos niños pequeños. Que la muerte repentina de Dan me dejó sola. Que el seguro de Dan no cubría muchos de los grandes gastos. Que me encontré en una situación económica difícil.

»Lo que quizá no sepáis es cómo me ha afectado todo eso. Algunos de vosotros sois padres separados y sabéis de lo que estoy hablando. Necesitaba este trabajo y perdí la confianza en mí. Me dejé llevar, sin hacer nunca nada que pudiera amenazar mi seguridad. Tiene gracia que ahora mi seguridad se vea de nuevo amenazada, y esta vez por seguir la corriente. Pues bien, eso se acabó.

»La cuestión es muy simple. Sigo necesitando este trabajo, pero no quiero pasar lo que me queda de vida laboral trabajando en un vertedero de energía tóxica. Dan me enseñó una lección que había olvidado: *la vida es demasiado valiosa para desperdiciarla hasta la jubilación*. Sencillamente, pasamos demasiadas horas en el trabajo para malgastarlas de esta manera. Yo creo que podemos hacer de este lugar un sitio mejor para trabajar.

»Y ahora, una buena noticia. Conozco un asesor que trabaja para un negocio mundialmente famoso y que es un experto en energía. Ya le conoceréis. Hoy pondré en práctica su primer consejo: *elegimos nuestra actitud*.

Mary Jane siguió explicando en qué consistía el concepto de elegir la propia actitud. Después preguntó si habían dudas.

Steve levantó la mano. Mary Jane le hizo un gesto y Steve empezó a hablar.

—Imaginemos que estoy al volante de mi coche y un idiota se me cruza de repente. Eso hace que me enfade y que toque el claxon o le haga un gesto, ya saben a qué me refiero. ¿Dónde está la elección ahí? Es culpa suya, no tengo elección.

—Permíteme que te haga una pregunta, Steve. Si estuvieras en un barrio peligroso de la ciudad, ¿harías el gesto?

Steve sonrió.

—Ni hablar. Serían ganas de buscarme problemas.

—¿Quieres decir que puedes elegir tu actitud en un barrio peligroso pero no tienes elección en un barrio residencial?

—Comprendido, Mary Jane. Me ha quedado claro.

—No podías haber escogido una pregunta mejor, Steve. No podemos controlar cómo conducen los demás, pero sí podemos elegir cómo vamos a responder nosotros. Aquí, en First Guarantee, no podemos hacer mucho para seleccionar el trabajo que nos dan, pero sí podemos elegir nuestra actitud hacia el trabajo. Quiero que todos penséis en ejemplos en los que esto pueda aplicarse y veais si podéis identificar cosas que podemos hacer para acordarnos de nuestras elecciones. Buena suerte. Nuestra vida laboral depende de ello.

La segunda reunión con los empleados fue muy parecida a la primera. Como nadie hizo ninguna pregunta, Mary Jane utilizó la pregunta que había hecho Steve en el primer grupo. Eran las 10.30 de un lunes por la mañana. Estaba agotada después de las reuniones, pero se dio cuenta de que había tenido la primera oportunidad de escoger una actitud y lo había hecho.

La semana pasó deprisa. Decidió pasear por la oficina todos los días y hablar con la gente de la idea de elegir la actitud. Cuando vio a Steve, éste le dijo:

—¡Caray! Me crucificaste en la reunión.

—Espero no haberte puesto en una situación embarazosa.

—Mary Jane, me hiciste un gran favor. Últimamente, mi vida ha sido un continuo reaccionar. Me has recordado que tengo unas importantes decisiones que tomar y que puedo hacerlo con un poco de autocontrol y coraje.

—¿Coraje?

—Mi relación de pareja no funciona y no sé qué hacer. Ahora veo que reaccionar y sentirme como una víctima no resolverá el problema. Tengo que enfrentarme a él. Perdona que no sea más claro, pero se trata de algo muy personal.

—Buena suerte, Steve, y gracias por confiar en mí.

—Todos confiamos en ti, Mary Jane. Lo que sucede es que este trabajo es muy aburrido y lo único que recibimos son quejas. Nos parece que siempre nos atacan. Sigue adelante. Y cuenta conmigo para todo.

Estaba gratamente sorprendida por tantas palabras de agradecimiento. Aunque los empleados no estaban seguros de los detalles, a la mayoría le gustaba la idea de crear un ambiente de trabajo más satisfactorio.

Entonces, el viernes ocurrió algo. Al salir del ascensor en el tercer piso, se encontró con un cartel gigante que decía: ELIGE TU ACTITUD, y en medio las palabras: MENÚ CON LAS ELECCIONES DEL DÍA. Debajo del menú había dos dibujos.

Uno era una cara sonriente, y el otro una cara con el ceño fruncido. No se lo podía creer. «¡Lo han entendido!», pensó, y fue corriendo a su oficina para llamar a Lonnie.

Después de contarle lo del menú, le preguntó si podían continuar su conversación. Lonnie le propuso quedar el lunes para comer. Mary Jane contestó que no quería esperar hasta la próxima semana, y quedaron que el sábado iría con los niños al mercado.

Un sábado en el mercado de pescado

Como el sábado hay siempre mucho ajetreo en el mercado, Lonnie sugirió que fueran temprano. A Mary Jane se le ocurrió preguntar ingenuamente a qué hora podían llegar. Lonnie le contestó que empezaba a trabajar a las 5 de la mañana. Quedaron a las 8.

Brad y Stacy subieron al coche adormilados, pero después de llegar a Seattle y buscar aparcamiento, estaban completamente despiertos y listos para la acción. No paraban de preguntar. «¿De dónde sacan el pescado?», «¿Son peces grandes?», «¿Hay tiburones?», «¿Habrá más niños allí?»

Mientras los tres caminaban hacia Pike Place, a Mary Jane le llamó la atención el silencio y la calma que había. En seguida reconoció a Lonnie, que estaba de pie delante del puesto. Le impresionó lo bien ordenado que estaba todo, el pescado y el marisco sobre lechos de hielo picado, y las etiquetas que detallaban los nombres, los precios y las características específicas. En una sección no había nada salvo hielo.

—Buenos días —dijo Lonnie con su sonrisa acostumbrada—. ¿Y quiénes son estos dos pescaderos?

Mary Jane le presentó a sus hijos. Lonnie les dio la bienvenida y dijo que era hora de ponerse a trabajar. Ella abrió el bolso para coger una libreta, pero Lonnie la interrumpió diciendo:

—No, no, no me refiero a esa clase de trabajo. Pensaba que me ayudaríais a terminar de colocar las cosas.

—Bien —dijo Brad.

—No tenemos botas de tu talla, pero sí he encontrado tres delantales para que os los pongáis. Tomad, ponéoslos y empezaremos guardando el pescado.

Stacy parecía un poco desconcertada. Mary Jane le dio un rápido abrazo. Lonnie se llevó a Brad a la trastienda para enseñarle el frigorífico donde guardaban el pescado, mientras Mary

Jane entretenía a Stacy paseándola entre los puestos. Quince minutos después, Lonnie y Brad volvieron empujando un carrito lleno de pescado. Para ser exactos, Lonnie empujaba el carro y Brad iba montado en el borde con los pies colgando y casi rozando el suelo.

Jugar

—¡Mamá! ¡Mamá! No te lo imaginas. Hay como un millón de peces. ¿A que sí, Lonnie? ¡Y yo también he ayudado!

Lonnie le dedicó una gran sonrisa y un gesto de asentimiento, pero puso cara de que el trabajo era lo primero.

—Tenemos que poner en su sitio todo el pescado para poder abrir a tiempo, amiguito. ¿Listo para echarme una mano?

Brad lo estaba pasando de maravilla. Ayudó a Lonnie a coger un atún, que Lonnie puso en el hielo, al lado de otros pescados colocados en fila. El atún era casi tan grande como Brad, y Mary Jane lamentó no haber traído la cámara. La manera en que Lonnie trabajaba con Brad era mágica. De vez en cuando, bromeaba con él, fingía que un pez le mordía, o hacía cualquier otra cosa que le hiciera reír. Cuando sólo quedaba espacio para dos atunes más en la fila, Lonnie le dejó hacer todo el trabajo a Brad, aunque le ayudó sutilmente a levantarlos. Si le hubieran preguntado a Brad quién era su héroe en aquel momento, habría contestado que Lonnie.

—Ahora le toca empezar a trabajar a tu mamá. Saca la libreta, Mary Jane, y Brad te explicará cuál es el segundo ingrediente de un lugar de trabajo lleno de energía.

—¿Brad?

—Pues claro. El segundo ingrediente seleccionado por un grupo de pescaderos que eligen su actitud es algo que todos los niños saben hacer. Olvidamos su importancia a medida que nos volvemos mayores y más serios. Brad, dile a mamá lo que haces en el recreo.

Brad miró por encima del atún que le tenía atareado al final del mostrador y dijo:

—Jugar.

Mary Jane abrió su libreta y escribió: **¡Jugar!** Enseguida le vino a la cabeza la escena que había visto en el puesto el otro día. Lo que había visto era un patio de niños adultos a la hora del recreo. Se arrojaban pescados, bromeaban entre sí y con los clientes, cantaban los pedidos en voz alta, repetían los pedidos. Allí sí que había energía.

—No te confundas —dijo Lonnie—. El objetivo de este negocio es obtener beneficios. De este trabajo salen muchos sueldos y nos tomamos el trabajo en serio, lo que pasa es que hemos descubierto que se puede ser serio en el trabajo y a la vez pasarlo bien trabajando. Y en lugar de ponernos tensos, dejamos que las cosas fluyan. Lo que muchos clientes juzgan como un entretenimiento no es más que un grupo de niños adultos que se lo pasan bien, pero que lo hacen de una manera respetuosa.

»¡Y tiene muchas ventajas! Vendemos mucho pescado. Tenemos una clientela fija. Disfrutamos con un trabajo que puede ser muy tedioso. Nos hemos hecho grandes amigos, como los jugadores de un equipo vencedor. Estamos muy orgullosos de lo que hacemos y de cómo lo hacemos. Y nos hemos hecho famosos en el mundo entero. Todo eso poniendo en práctica algo que Brad hace sin esfuerzo. ¡Hemos aprendido a jugar!

Entonces Brad dijo:

—¡Eh, mamá! ¿Por qué no vienes con la gente del trabajo y les presentas a Lonnie para que les enseñe a jugar?

Alegrarles el día

De repente, alguien se dirigió a Mary Jane desde un lado.

—¡Eh, señora periodista! ¿Quiere comprar un pescado? —Uno de los compañeros de Lonnie se acercó a ella sosteniendo una cabeza enorme de pescado en la mano—. Se lo dejaré a buen precio. Le falta alguna cosita pero está bien de precio —hizo sonreír la boca del pescado y añadió—: Lo llamo sushi sonriente y sólo cuesta un centavo. —Y la miró con una sonrisa loca y torcida.

Lonnie se echó a reír y, por supuesto, Brad quiso coger la cabeza. Stacy se escondía detrás de las piernas de mamá. Mary Jane sacó una moneda y se la dio al pescadero que llamaban Lobo. No era necesario preguntar por qué le llamaban así. Tenía el pelo rebelde y los ojos seguían todo lo que se movía como si fuera una presa. No obstante, no había duda de que este lobo estaba domesticado, si es que eso es posible; tenía un aire definitivamente protector. Lobo puso el sushi sonriente en una bolsa y se lo dio a Brad, que estaba feliz. La tímida Stacy abrió la boca por primera vez en toda la mañana y dijo que ella también quería uno. Lobo fue a buscar dos más. Ahora todos tenían un sushi sonriente.

Lonnie dijo:

—Gracias, Lobo. Nos has enseñado el tercer ingrediente para crear un mercado mundialmente famoso, con altas dosis de energía.

—¿Ah, sí?

—Piensa en las dos veces anteriores que has estado aquí, Mary Jane. ¿Qué fue lo que más te llamó la atención?

—Recuerdo a una joven pelirroja, que debía de tener veinte años. Se puso de pie encima de una plataforma e intentó coger un pez. Como es lógico, eran un poco escurridizos y se le escaparon dos, pero se lo pasó bomba.

—¿Por qué te resulta tan memorable?

—Estaba tan animada, tan llena de vida. Todos los que estábamos viéndolo nos identificamos con ella. Nos imaginábamos en su lugar.

—¿Y qué crees que recordará Brad de hoy?

—Hacer cosas que hacen los mayores, visitar el frigorífico de pescado y trabajar contigo.

—A eso lo llamamos *alegrarles el día*. Y buscamos todas las formas posibles de alegrarle el día a alguien. Nuestra manera desenfadada de trabajar nos permite encontrar formas creativas de entrar en contacto con nuestros clientes. Esa es la palabra clave: *entrar en contacto*. En lugar de mantener una distancia con nuestros clientes, buscamos maneras corteses de incluirlos en nuestra diversión. Respetuosamente. Cuando lo conseguimos, les alegramos el día.

Mary Jane abrió su libreta de nuevo y escribió: **Alegrarles el día.** Tenía la cabeza llena de ideas. «Motivan a la gente y la invitan a pasarlo bien. A los clientes les gusta ser parte de la diversión, y los recuerdos creados aquí causarán sonrisas y generarán buenas historias después. Implicar a otros y trabajar para que lo pasen bien hace que la atención se dirija hacia el cliente. Es una gran psicología. Centrar la atención en que los demás estén bien crea un flujo constante de sentimientos positivos.»

—¡Hola! ¿Aún estás ahí?

Lonnie, Brad y Stacy la estaban mirando.

—Lo siento. Me he quedado pensando en lo potente que es ese ingrediente. Espero encontrar la manera de «alegrarles el día» en First Guarantee.

—Están abriendo el mercado. Vamos a llevar a los niños a comer algo. Luego seguiremos hablando. ¿Tenéis hambre, niños?

—¡Sí!

Estar presente

Encontraron una mesa libre en un café al otro lado de la calle y pidieron café, chocolate caliente y bollos. El mercado se iba llenando rápidamente de gente y Lonnie le dijo que observara cómo se relacionaban los pescaderos con el público. Le pidió que los observara en acción y le dijo que si prestaba atención, descubriría el último ingrediente ella sola. La mirada de Mary Jane saltó de un pescadero a otro, maravillándose con sus juegos y con la manera despreocupada que tenían de trabajar. Luego fijó su atención en los que no estaban haciendo nada. Parecían atentos, buscando con la mirada el momento de intervenir.

De hecho, fue una mala experiencia que había tenido el día anterior la que la ayudó a encontrar la respuesta. Se acordó de su paso por la tienda con dos niños malhumorados y con ganas de irse a la cama. ¿Cuánto tiempo había pasado delante del mostrador esperando a que un empleado terminara de contarle a otro las modificaciones que había hecho en su coche? Le pareció que era una eternidad, mientras sus hijos le tiraban de la falda con creciente impaciencia. «Eso no pasaría aquí —pensó—, ellos están presentes. Están totalmente implicados en su trabajo. No creo que se distraigan nunca.» Le preguntó a Lonnie si esa era la respuesta.

—¡Pues claro que sí! ¿Y por qué no me sorprende tu respuesta? —Una sonrisa de niño brilló en su rostro—. ¡Ojo, vertedero de basura tóxica, que aquí llega! —Entonces Lonnie prosiguió—: Estaba en un supermercado esperando mi turno para la carne. Los empleados eran simpáticos y lo estaban pasando bien. El problema es que lo estaban pasando bien entre ellos, no conmigo. Si me hubieran incluido en su diversión, habría sido una experiencia totalmente diferente. Iban bien encaminados, pero les faltaba un ingrediente clave. No estaban presentes y concentrados en mí, el cliente. Estaban concentrados en otra cosa.

Abrió la libreta y escribió: **¡Estar presente!**

Lonnie dio la primera muestra de no estar presente. Ella supo por qué cuando él le dijo:

—Tengo que volver al trabajo. Los compañeros se han ofrecido a sustituirme un rato, pero no quiero pasarme. De todas maneras, me gustaría darte un consejo antes de irme.

—Soy toda oídos.

—No es mi intención decirte cómo tienes que hacer tu trabajo, pero creo que sería importante que encontraras la manera de que tus empleados descubrieran nuestra filosofía por sí mismos. No estoy seguro de que contándoles la filosofía de nuestro puesto de venta de pescado sea suficiente. Brad tuvo una buena idea al decir que deberías traerlos aquí.

—Brad y tú formáis un buen equipo. Con mis prisas por resolver el problema, podría olvidar fácilmente que los miembros de mi departamento necesitan tener experiencias de aprendizaje propias y tiempo para interiorizarlas. Muchas gracias por todo. Nos has alegrado el día.

Brad no dejó de hablar en todo el camino a casa, y ella hizo todo lo que pudo para estar presente. Una idea descabellada le pasó por la cabeza. Sonrió y se la guardó para el lunes.

Ella me lo dijo, y luego yo
lo descubrí por mí mismo.

Autor anónimo

Domingo por la tarde

En el rato que tuvo para ella el domingo por la tarde, Mary Jane cogió su libreta y amplió sus notas.

ESCOGE TU ACTITUD: Creo que hemos empezado bien con este punto. La idea del menú que se les ocurrió a los empleados era fantástica; la primera señal real de progreso. Sin escoger la actitud, el resto es una pérdida de tiempo. Necesito seguir explorando y ampliando nuestra conciencia sobre este ingrediente.

JUGAR: El puesto de pescado es un lugar de recreo para adultos. Si los pescaderos pueden pasarlo tan bien vendiendo pescado, hay esperanza para nosotros en First Guarantee.

ALEGRARLES EL DÍA: A los clientes también se les invita a jugar. La atmósfera es de inclusión. Nada que ver con el jefe que tenía en Los Ángeles, que me hablaba como si yo fuera una grabadora, y que nunca compartía nada del trabajo interesante.

ESTAR PRESENTE: Los pescaderos están presentes. No están soñando despiertos ni hablando por teléfono. Están observando al público y relacionándose con los clientes. Te hablan como si fueras una amiga de siempre a la que hace tiempo que no has visto.

Lunes por la mañana

Al entrar en el ascensor, se fijó en que Bill iba justo detrás de ella. «Así me ahorro el viaje a su oficina», pensó. El ascensor iba lleno, de modo que no conversaron, pero cuando se abrió la puerta en su planta, se volvió hacia Bill y alargó a su jefe una bolsa que desprendía un inconfundible olor.

—Un regalo, Bill. Se llama «sushi sonriente».

Mientras la puerta del ascensor se cerraba, le oyó gritar:

—¡Mary Jane!

Unos segundos después, cuando ya estaba en su despacho, sonó el teléfono.

—Curioso regalo, Mary Jane —dijo Bill con un tono risueño en la voz. Ella le contó lo que había hecho el sábado—. Sigue adelante, Mary Jane. No sé qué tiene que ver un puesto de pescado con First Guarantee, pero si has conseguido hacerme sonreír con el día que me espera, a lo mejor has descubierto algo.

Al colgar, se dio cuenta de que su relación con Bill había cambiado un poco. «Me parece que pocos subalternos le plantan cara—pensó—. Y por raro que resulte, creo que agradece que haya elegido no dejarme intimidar.»

Un trabajo de campo

En la primera de las dos reuniones del lunes por la mañana con los empleados, fue al grano.

—Estoy impresionada y animada por vuestros esfuerzos para encontrar maneras de recordarnos a todos que cada día podemos elegir la actitud que tendremos. El «Menú Escoge tu actitud» fue una gran idea, y no se habla de otra cosa en el edificio. Es agradable escuchar por fin algunos comentarios positivos. Ya es hora de dar el siguiente paso. Hay una cosa que quiero que experimentéis todos, de modo que haremos un trabajo de campo a la hora de comer. Este grupo irá el miércoles, y el otro grupo el jueves. No os preocupéis del almuerzo, lo importante es que acudáis.

»El trabajo de campo consistirá en ir a un lugar que muchos de vosotros ya conocéis. Iremos a un puesto de pescado muy especial en el que estudiaremos la energía en acción. Hay allí un grupo de trabajadores que han resuelto su versión de nuestro problema. Nuestra tarea consistirá en ver si podemos entender sus secretos para el éxito, y aplicarlos.

—¡Tengo hora con el dentista!

—¡Yo he quedado con fulano para comer!

Y así, varios empleados pusieron objeciones. Se sorprendió cuando oyó una voz decidida, la suya, que decía:

—Espero que no falte nadie y que cambiéis los planes que habíais hecho. Es una salida importante.

El miércoles, el primer grupo se reunió en la entrada del edificio y se dirigió al mercado.

—Lo único que os pido es que observéis la escena que vais a presenciar —sonrió—. Y no os olvidéis de tener el yogur a mano. —La mención de la cita de Yogui Berra «Al mirar se ven muchas cosas», recibió una sonrisa amable. «Bueno, algo es algo», pensó.

El mercado estaba animado cuando llegaron y el grupo se dispersó rápidamente. Eso le hizo más difícil observar sus reacciones, pero se fijó en que algunos empleados obviamente lo estaban pasando muy bien. Vio a John y a Steve conversando animadamente con uno de los pescaderos y se acercó para observarlos.

—Cuando estás presente, te fijas en la gente; es como si estuvieras con tu mejor amigo; pasan muchas cosas a tu alrededor, pero te preocupas de tu cliente —explicaba un pescadero pelirrojo a John.

«Bien por John y Steve —pensó—. Buena iniciativa.»

El jueves, el segundo grupo hizo el viaje, sin duda ya informado por el primero. No hubo casi preguntas, y el grupo se mostró bastante reservado hasta que ocurrió algo imprevisto. Stephanie, una empleada que llevaba mucho tiempo en la empresa, fue invitada a ponerse detrás del mostrador y atrapar un pescado. Aunque en el trabajo parecía ser una persona bastante tímida, aceptó. Dos pescados se le escurrieron entre las manos, para delicia del público y sobre todo para diversión especial de sus compañeros. A la tercera, con un deslumbrante gesto consiguió atraparlo, ganándose una sonora ovación, piropos y silbidos. Estaba encantada: los pescaderos le habían alegrado el día.

Era como si Stephanie hubiera abierto la puerta a los otros. Mientras los pescados volaban por encima de las cabezas, el grupo de First Gurantee hizo mucho más que levantar los vasos de yogur en el aire.

Las reuniones del viernes por la tarde

El viernes por la tarde se reunió con cada grupo por separado.

—¿No sería fantástico trabajar en un lugar donde pudiéramos pasarlo tan bien como los empleados que trabajan en Pike Place? —preguntó. Algunos movieron la cabeza afirmativamente o sonrieron recordando la imagen de los pescados volando. Stephanie era la que tenía la sonrisa más grande. Luego, se impuso la realidad.

En los dos grupos, las sonrisas iniciales fueron seguidas de protestas.

—¡Nosotros no vendemos pescado! —dijo Mark.

—Nosotros no podemos arrojarnos nada —añadió Beth.

—Eso es cosa de hombres —opinó Ann por su parte.

—Nuestro trabajo es aburrido —dijo alguien.

—Podemos arrojarnos los pedidos de compra —dijo un bromista.

—Tenéis razón; esto no es un mercado de pescado. Lo que hacemos aquí es diferente. Mi pregunta es: ¿estáis interesados en trabajar en un lugar donde se respire la misma energía que en el famoso mercado de pescado de Pike Place? Un lugar donde sonriáis más a menudo; un lugar donde tengáis sentimientos positivos sobre lo que hacéis y cómo lo hacéis. Un lugar al que tengáis ganas de ir todos los días. Ya habéis demostrado que en muchos aspectos podemos elegir nuestra actitud. ¿Estáis interesados en llegar más lejos?

Habló Stephanie.

—Me gustan mis compañeros. Son buena gente. Pero odio venir a trabajar. Me cuesta respirar aquí. Esto parece un depósito de cadáveres. Y voy a confesar una cosa. He estado buscando otro trabajo. Si pudiéramos crear un poco de vida aquí, sería un sitio más satisfactorio para trabajar, y pensaría seriamente en quedarme.

—Gracias por tu sinceridad y tu coraje, Stephanie.

Steve añadió:

—Quiero que este lugar sea más divertido.

Randy levantó la mano.

—Sí, Randy.

—El otro día nos hablaste de tu situación personal, Mary Jane. Era la primera vez que un jefe hacía eso y me hizo pensar. Estoy criando a mi hijo yo solo, y necesito este trabajo y las ventajas que lo acompañan. No me gusta crear problemas, pero reconozco que a veces pago mis frustraciones con la gente de otros departamentos. Me parecen tan felices mientras yo estoy atrapado en este hoyo. Me has ayudado a comprender que somos nosotros quienes hemos convertido esta planta en un infierno, por nuestra manera de comportarnos aquí. Yo creo que si elegimos convertirla en un infierno, también podemos elegir algo distinto. La verdad es que la idea de conseguirlo me estimula. Si aprendo a pasarlo bien y a ser feliz aquí, bueno, a lo mejor puedo aprender a hacerlo en otras áreas de mi vida.

—Gracias, Randy —se giró para dirigirle una mirada de gratitud y prosiguió—. Veo cabezas asintiendo y sé que has dicho una cosa muy importante hoy aquí. Tus palabras sinceras nos han conmovido a mí y a otras personas. Gracias. Gracias por tu contribución. Construyamos un lugar de trabajo mejor, un lugar en el que a todos nos guste estar.

»El lunes empezaremos el proceso para aplicar la filosofía del mercado de pescado a la tercera planta. Hasta entonces, quiero que penséis en vuestra experiencia personal en el puesto de pescado y escribáis las preguntas y las ideas que se os ocurran. En la próxima reunión discutiremos lo que vamos a hacer. Ahora dejemos que lo que habéis visto en el mercado estimule vuestro pensamiento.

El chistoso intervino de nuevo.

—Bueno, si no podemos arrojarnos las órdenes de compra, podríamos hacer confeti con el papel triturado y tirárnoslo.

Todo el mundo se echó a reír. «Vamos por buen camino», pensó Mary Jane.

Mary Jane repartió copias de un resumen que había hecho en el mercado y compartió con todo el mundo sus observaciones personales. Animó a sus empleados a recordar y tomar nota de sus pensamientos durante el fin de semana.

Después de terminar la segunda reunión, se retiró a su oficina y se sentó, agotada, en su mesa. «Les he dado algo en qué pensar el fin de semana, pero ¿lo harán?» Poco se imaginaba que media docena de sus empleados volverían a visitar el puesto durante el fin de semana, muchos con su familia y amigos.

Resumen de Mary Jane

Escoge tu actitud Los pescaderos tienen muy claro que eligen su actitud cada día. Uno de ellos dijo: «Cuando haces una cosa, ¿cómo te sientes? ¿Estás impaciente o aburrido, o te sientes famoso en el mundo? Actuarás de manera diferente si eres famoso en el mundo». ¿Cómo queremos sentirnos mientras trabajamos?

Jugar Los pescaderos se divierten en su trabajo, y pasarlo bien aumenta la energía. ¿Cómo podemos pasarlo bien y crear más energía?

Alegrarles el día Los pescaderos pasan un buen rato e incluyen en él a los clientes. Estimulan a los clientes en maneras que fomentan la energía y la buena voluntad. ¿Quiénes son nuestros clientes y de qué manera podemos estimularlos para alegrarles el día? ¿Cómo podemos hacer lo mismo entre nosotros?

Estar presente Los pescaderos están totalmente presentes en el trabajo. ¿Qué nos pueden enseñar sobre cómo estar presentes con los compañeros y con los clientes?

Por favor,
trae tus pensamientos el lunes.

MJR

—¿La profesora te ha puesto deberes?

Stephanie levantó la vista en el momento en que pasaba un pescado volando por el aire y vio la cara sonriente de Lonnie.

—Hola. Supongo que se puede decir que mi jefa me ha puesto deberes.

—Tu jefa es Mary Jane, ¿verdad?

—¿Cómo lo sabes?

La respuesta la ahogó la voz de un pescadero que gritó: «¡Tres atunes volando con destino a París!», con un falso acento francés. Pero Lonnie se las apañó para escucharla de todas maneras. «No me extraña que sepan tan bien cómo estar presentes —pensó—. Tienen que estarlo si quieren oír algo entre toda esta algarabía.»

—Te vi aquí con el grupo de Mary Jane. Además, que yo recuerde, eres la primera persona con yogur que ha conseguido atrapar un pescado desde que estoy aquí.

—¿En serio?

—Dime, ¿en qué puedo ayudarte? Pareces asombrada.

Ella miró sus notas.

—Me parece que entiendo lo de *estar presente*, que es lo que estás haciendo ahora conmigo. Y cuando atrapé el pescado, bueno... nunca olvidaré que me alegrasteis el día. Jugar es algo que me resulta fácil, porque me gusta hacer tonterías y pasarlo bien. Pero lo de *escoger tu actitud* es un poco un misterio. ¿Acaso la actitud no tiene que ver con la manera en que te tratan y lo que te pasa?

—Conozco a la persona a la que le tienes que preguntar sobre la actitud: Lobo. Lobo aspiraba a convertirse en piloto de coches profesional, cuando tuvo un grave accidente. Pero mejor que Lobo te cuente la historia. Tendremos que ir al frigorífico. ¿Vas bien abrigada?

—¿Podemos ir nosotros también?

Stephanie miró a su izquierda y vio a Steve, a Randy y a un niño muy gracioso. Después de las presentaciones, todos fueron a la trastienda a hablar con Lobo, que les contó cómo aprendió, mientras se recuperaba de su accidente, a escoger su actitud cada día. Sus palabras causaron una profunda impresión en los tres y prometieron que las compartirían con sus compañeros de trabajo en la reunión del lunes.

Steve tenía que irse, pero Stephanie, Randy y el hijo de Randy cruzaron la calle para sentarse en una cafetería. Los adultos pidieron café, y el hijo de Randy se comió un bollo enorme de chocolate.

—Sabes —dijo Stephanie—, creo que deberíamos limpiar nuestro vertedero de energía tóxica porque no tenemos ninguna garantía de que el próximo trabajo sea diferente. Lo he estado pensando. ¿Cuántos jefes hay como Mary Jane? La respeto mucho. Pienso en todo lo que ha pasado. Incluso he oído que le plantó cara al idiota de Bill Walsh. Ningún jefe de departamento se ha atrevido nunca a plantar cara a ese arrogante. Eso también cuenta, ¿no te parece, Randy?

—Stephanie, me estás leyendo el pensamiento. Si esos pescaderos han podido hacer lo que han hecho, el cielo es el límite para nosotros con una jefa como Mary Jane. No será fácil. Algunos compañeros están tan asustados como yo antes. Son escépticos porque están asustados. A lo mejor les ayudaríamos si diéramos ejemplo. Lo que sé es que las cosas no mejorarán mientras nosotros no nos decidamos a mejorarlas, y yo quiero que las cosas mejoren.

Camino de su coche, Stephanie se cruzó con Betty y su marido. Los saludó con la mano, y luego reconoció a tres personas más de la oficina entre la multitud. «¡Genial!», pensó.

El plan se pone en marcha

Cuando el primer grupo se aprestaba para celebrar la reunión del lunes, había bullicio en la sala. Mary Jane abrió la reunión diciendo:

—Estamos aquí para limpiar lo que han llamado el vertedero de energía tóxica. Hoy veremos si hemos aprendido alguna lección más del mercado y entonces decidiremos los pasos que deberemos seguir. ¿Alguien ha pensado algo durante el fin de semana que debamos tener en cuenta antes de seguir adelante?

Stephanie y Randy se pusieron de pie y se alternaron relatando la conversación con Lobo. Empezó Stephanie.

—Lobo es todo un personaje, aunque al principio da un poco de miedo. Cuando habla parece que gruñe. El caso es que nos explicó que su trayectoria como piloto profesional de coches de carreras se vio truncada por un horrible accidente. Nos dijo que se sumió en la pena durante un tiempo y después, cuando su novia le abandonó y sus amigos dejaron de llamarlo, se dio cuenta de que tenía que hacer una elección básica. Podía escoger vivir y vivir plenamente, o dejar escapar la vida viendo pasar las oportunidades. Y desde aquel día decidió vivir plenamente cada día. Es toda una lección.

—Mi hijo estaba fascinado con Lobo —prosiguió Randy—. Lobo me hizo pensar seriamente en la tercera planta y el poder que tenemos para crear un lugar determinado. Si aprendemos la lección de Lobo, podríamos convertir la planta tercera en un lugar de trabajo fantástico. Debemos escoger nuestra actitud cada día y debemos escogerla bien.

Steve también ofreció unas observaciones.

—Gracias, Steve. Gracias, Randy. Gracias, Stephanie. Se ve que habéis estado ocupados este fin de semana. ¡Y gracias por no pedir que os paguen las horas extra! —Cuando se apagaron las risas, Mary Jane preguntó—: ¿Alguien más tiene algo que decir que nos ayude a comprender estos puntos?

Cuarenta y cinco minutos después, Mary Jane decidió poner punto y final a la reunión.

—¿Alguna idea de por dónde empezamos a partir de ahora?

—¿Por qué no formamos cuatro equipos para trabajar en cada uno de los ingredientes? —dijo uno de los empleados más nuevos.

Mucha gente asintió.

—De acuerdo —dijo Mary Jane—. Pero antes quiero asegurarme de que el otro grupo está de acuerdo. ¿Qué os parece si cada persona se apunta al equipo que prefiera? Si el otro grupo está de acuerdo, lo escribiré todo en un memorándum y lo tendréis mañana. ¿Alguna cosa más que queráis discutir?

Al final de la reunión repartió una hoja donde cada persona debía elegir el equipo al que quería apuntarse. El segundo grupo apoyó totalmente la idea de los equipos y se mostró aliviado de tener un plan concreto de acción.

Los equipos se ponen a trabajar

Al equipo de «Jugar» se apuntaron demasiados voluntarios, de manera que Mary Jane tuvo que negociar.

—Tengo una auténtica camiseta de regalo del mercado de pescado de Pike Place para los tres primeros voluntarios que estén dispuestos a cambiarse del equipo de «Jugar» al de «Escoger la actitud» o «Estar presente».

Una vez que los equipos estuvieron equilibrados, redactó un memorándum donde apuntó las directrices generales y las expectativas.

Directrices del equipo

- Los equipos dispondrán de seis semanas para reunirse, estudiar su tema, reunir información adicional y preparar una presentación que será hecha al resto de los compañeros en una reunión fuera de la oficina.
- Cada presentación deberá incluir ejemplos prácticos cuya aplicación se pueda considerar.
- Los equipos serán responsables de organizar un horario propio de reuniones y dispondrán de dos horas laborales a la semana para celebrar las reuniones de equipo. El trabajo de los equipos que estén reunidos durante el horario laboral será cubierto por el resto de los compañeros.
- Cada equipo dispondrá de un presupuesto de 200 dólares a su entera disposición.
- Los equipos organizarán sus propias reuniones.
- Yo estaré disponible para actuar como mediadora, en el caso de que algún equipo se atasque, aunque preferiría que el equipo resolviera por sí solo sus problemas.

¡Buena suerte! ¡Vamos a crear un lugar donde todos queramos trabajar!

MJR

Informes de los equipos

Habían transcurrido seis semanas desde la primera reunión de los equipos. Y hoy era el día de las presentaciones. Mary Jane le preguntó a Bill si otros departamentos estarían dispuestos a ocuparse de las funciones esenciales durante la mañana para que pudiera reunirse todo el grupo; Bill la sorprendió ofreciéndose a colaborar personalmente, y también a organizar la sustitución de los empleados.

—No sé lo que estás haciendo —dijo—, pero ya siento un nivel nuevo de energía en la planta tercera. Sigue así y no dudes en contar conmigo para lo que sea.

Estaba un poco nerviosa. Se había reunido con todos los equipos al menos una vez, y había hecho todo lo posible por ayudarlos y apoyarlos sin asumir el mando. Aunque le habían pedido material para leer y el uso de la sala de conferencias en las últimas dos semanas, ningún equipo había pedido nada más. La verdad es que no tenía la menor idea de los detalles de ninguna de las cuatro presentaciones. Y hoy era el día elegido para acudir a un lugar neutral y escuchar las conclusiones de cada grupo.

A las nueve de la mañana, todos se dirigieron al Hotel Alexis, mientras Bill y los demás voluntarios llegaban para hacerse cargo de la oficina.

—Buena suerte —le deseó su jefe.

A su llegada al Alexis fueron conducidos a una sala que se llamaba «Mercado». «Apropiado», pensó Mary Jane. Había decidido que el equipo encargado de «Escoger la actitud», sería el último en hacer la presentación. Lo explicó a los equipos de esta manera:

—Quiero que lo último que discutamos sea el ingrediente sobre el que descansan los demás.

Al entrar en la sala, la embargó una ola de emoción. La sala era un mar de color, música y energía. Había globos atados a cada silla, y unos ramos de flores vistosos daban vida a la sala. «Han respondido al desafío —pensó—. Han vuelto a dar cuerda a sus relojes.» La gran sorpresa del día aguardaba sentado al fondo, con el traje de faena. Lonnie se sentó a su lado y empezó la sesión.

El equipo de «Jugar»

Uno de los miembros del equipo pidió silencio e invitó a todo el mundo a ponerse en pie y a seguir las instrucciones que iban a recibir. Todos lo hicieron, aunque se les notaba algo incómodos.

—Vamos a presentar nuestro informe en forma de juego en el que participaremos todos —dijo Betty, que era la portavoz del equipo de «Jugar».

Su equipo había diseñado un juego que consistía en un recorrido compuesto de círculos hechos con papel de colores y desplegado en el suelo, de manera que se pudiera ir de un círculo a otro mientras sonaba la música. En cada círculo había escritas unas claves. Cuando paraba la música, cada persona tenía que leer en voz alta el texto que estaba escrito debajo de sus pies. Era una especie de juego de la oca. Las claves se podían resumir en dos grupos: uno era una lista de ventajas, y el otro una lista de ideas para poner en práctica. «Qué gran trabajo», pensó Mary Jane.

Ventajas de jugar

- La gente contenta trata bien a los demás.
- Pasarlo bien conduce a la creatividad.
- El tiempo pasa más rápido.
- Pasarlo bien es sano.
- El trabajo se convierte en recompensa en sí mismo y no en un camino a las recompensas.

Puesta en práctica de las ideas

- Señales que digan: ESTÁS EN UNA ZONA DE RECREO; OJO CON LOS NIÑOS ADULTOS.
- Hacer un concurso para elegir el chiste del mes, que se publicará en el tablón de información.
- Añadir más color y crear un ambiente más interesante.
- Añadir más vida con plantas y un acuario.
- Celebrar acontecimientos especiales como invitar a un actor para que amenice la comida.
- Instalar lucecitas para encenderlas cuando haya que animarse o alguien tenga una buena idea.
- Hacer cursos de creatividad.
- Crear una zona de creatividad que llamaremos el cajón de arena.
- Formar un comité de juego permanente para que fluyan las ideas.

El equipo de «Alegrarles el día»

A continuación le tocó el turno al equipo de «Alegrarles el día».

—Que todo el mundo salga al pasillo o vaya a tomarse un café, mientras lo preparamos todo —fue la primera instrucción. Cuando todos volvieron a la sala, se formaron grupos pequeños, cada uno acompañado de un miembro del equipo. Stephanie explicó a todo el mundo lo que tenía que hacer mientras se colocaban en su sitio.

»Quiero que cada grupo dedique quince minutos a hacer una lista de estrategias para apoyar y mejorar el trabajo de un grupo clave de gente, nuestros clientes internos. Pero antes quiero ofreceros unos datos. Estos son los resultados de un estudio sobre nuestros clientes que hemos realizado. Respirad hondo porque no os gustará lo que vais a ver.

Apareció una diapositiva. Una ola de estupor llenó la habitación; se oyó un murmullo de asombro.

Resultados del estudio de clientes

1. Nuestros clientes temen trabajar con nosotros. Nos llaman los «sonámbulos», porque les damos la impresión de estar sedados. Preferirían discutir en vez de tener que enfrentarse al tratamiento impersonal que reciben.
2. El trabajo que hacemos es adecuado, pero rara vez nos ofrecemos a ir más allá y ayudar a los demás a atender a nuestros clientes externos. Hacemos nuestro trabajo y punto; nada más.

3. A menudo tratamos a nuestros clientes como si nos estuvieran interrumpiendo.
4. Con frecuencia enviamos a nuestros clientes de una persona a otra, sin mostrar interés alguno en resolver el problema. Parece que intentamos evitar responsabilidades.
5. Nuestros clientes hacen bromas de nuestras respuestas, o mejor dicho, de la falta de respuestas a cualquier problema que surge después de las 16.00 horas. Se ríen de la estampida hacia el ascensor que hay a las 16.30.
6. Nuestros clientes se cuestionan nuestro compromiso con la empresa.
7. Se alude a nosotros como «la última fase de la decadencia».
8. Se está estudiando la posibilidad de contratar a una empresa de fuera para que haga nuestro trabajo.

Stephanie dijo:

—Nuestro equipo se sintió sorprendido y después enfadado ante estos resultados. Poco a poco nos dimos cuenta de que los clientes sienten lo que sienten. Por muchas excusas que ofrezcamos o más vueltas que le demos, no podemos cambiar la manera en que sienten nuestros clientes internos. Es la realidad que ellos ven. La pregunta es: ¿qué vamos a hacer al respecto?

Otro miembro del equipo continuó con considerable pasión.

—Yo creo que no nos damos cuenta de lo importante que es nuestro papel en First Guarantee. Mucha gente cuenta con nosotros y nos mira mal cuando nos retrasamos o dejamos cosas sin resolver. El hecho de que muchos de nosotros tengamos otras obligaciones y de que no nos sintamos muy satisfechos en la escala de las compensaciones no es problema suyo. Ellos sólo intentan servir a los clientes que pagan nuestro sueldo y nos ven como un impedimento para ofrecer un servicio de calidad.

Luego prosiguió Stephanie.

—Necesitamos vuestras ideas y las necesitamos desesperadamente. Por favor, ayudadnos a salir del vertedero y a alegrarles el día a nuestros clientes. Cada grupo dispone de cuarenta y cinco minutos para encontrar cuantas más ideas, mejor. Haced el favor de tomar asiento y empezar. Un miembro de nuestro equipo anotará lo que digáis.

Hubo un silencio. A continuación los grupos empezaron a abordar el problema, todavía pletóricos de la energía generada por la primera presentación.

Pasado el tiempo, Stephanie dijo:

—Vamos a hacer una breve pausa para que las personas que han estado tomando notas puedan rehacerlas.

Diez minutos después volvieron a reunirse.

—Aquí tenemos un breve resumen de los resultados —dijo— y este premio es para los miembros de la mesa número cuatro.

Las personas de la mesa cuatro se levantaron y fueron a recoger las insignias de «Alegrarles el día». Los demás recibieron insignias más pequeñas. A continuación, la atención se centró en el resumen.

Ventajas de «Alegrarles el día»

- Es bueno para el negocio.
- Atender bien a nuestros clientes nos proporcionará la satisfacción que se siente cuando atiendes a otra persona. Hará que nuestra atención se centre en la manera de servir eficazmente a los demás, en vez de quedarnos sólo con nuestros problemas. Es saludable, nos sentiremos bien y desencadenará más energía.

Poner en marcha «Alegrarles el día»

- Escalonar nuestro horario para ofrecer un servicio de 7.00 de la mañana a 6.00 de la tarde. Esto complacerá a nuestros clientes (y puede ser de ayuda a los que necesitemos empezar a diferentes horas).
- Montar grupos que estudien maneras de ser más útiles a nuestros clientes. Por ejemplo, ¿deberíamos organizar grupos especiales que se concentren en categorías específicas de clientes?
- Organizar un premio mensual y otro anual por el servicio, basado en el número de clientes que digan que les hemos alegrado el día.
- Poner en marcha sesiones introspectivas en las que puedan participar nuestros clientes.
- Elegir un equipo especial cuya misión sea sorprender y deleitar a nuestros clientes.
- Pedir a nuestros clientes que vengan a jugar con nosotros una vez al mes.
- Estudiar lo que costaría poner en marcha la idea del «momento de la verdad», que empezó SAS, las aerolíneas escandinavas. Intentaríamos convertir cada transacción con nuestros clientes en una transacción positiva.

Mary Jane disfrutaba en silencio. «Si se preocupan tanto, conseguiremos dar la vuelta al departamento. Stephanie está volcada y su grupo muestra el mismo entusiasmo. ¡Podemos hacerlo!» Miró a Lonnie por el rabillo del ojo y vio que tenía cara de satisfecho.

El equipo de «Estar presente»

El equipo de «Estar presente» ofreció un enfoque totalmente diferente, lo que dio lugar a un grato cambio de ritmo. Con música suave de fondo, uno de los miembros del grupo dijo:

—Vamos a cerrar los ojos y a relajarnos durante un minuto. Respiremos hondo y dejémonos guiar por una serie de visualizaciones que nos ayudarán a estar totalmente presentes.

Cuando hubo acabado, la misma persona dijo:

—Ahora escucharemos los pensamientos que nos ofrecerán algunos miembros de nuestro grupo. Seguiremos relajados, intentando regular la respiración y mantener los ojos cerrados.

A continuación se hicieron una serie de lecturas inspiradoras. Una de ellas decía así:

El pasado es historia.
El futuro es un misterio.
Hoy es un regalo,
por eso se le llama presente.

John explicó una historia personal:

—Yo siempre estaba muy ocupado —dijo con voz triste—, intentando que me llegara el dinero y complacer a todo el mundo. Un día mi hija me propuso ir al parque. Le contesté que me parecía una idea fantástica pero que tenía mucho que hacer en aquel momento. Le pedí que se esperara hasta después y que me dejara terminar lo que estaba haciendo. Pero siempre tenía que hacer algún trabajo muy apremiante y urgente y los días pasaban. Los días se convirtieron en semanas y las semanas en meses.

Con la voz rota, contó que pasaron cuatro años y no fue nunca al parque. Su hija tiene ahora quince años y ya no está interesada en ir el parque, ni tampoco lo está en él.

John hizo una pausa y respiró hondo.

—Hablando con uno de los pescaderos del tema de estar presente, me he dado cuenta de lo poco que estoy presente en casa y en el trabajo. El pescadero me invitó a visitar el mercado con toda mi familia. Mi hija no quería ir, pero finalmente la convencí para que lo hiciera. Lo pasamos muy bien, y me esforcé en estar presente con mis hijos. Mi esposa entró con mi hijo en una juguetería, yo me senté con mi hija y le dije lo mucho que lamentaba no haber estado más con ella. Le dije que esperaba que pudiera perdonarme y que, aunque no podía cambiar el pasado, quería que supiera que ahora iba a dedicarme a estar presente en el presente. Me contestó que no era un mal padre y que lo que tenía que hacer era animarme un poco.

»Me queda mucho camino por delante —continuó—, pero estoy mejorando. Estar presente puede ayudarme a recuperar una cosa que no sabía que había perdido: la relación con mi hija.

Cuando John terminó, Lonnie le susurró a Mary Jane:

—El pescadero era Jacob. Está más contento que unas pascuas desde entonces. Es nuevo y fue su primera oportunidad de ayudar realmente a alguien.

Janet también se emocionó bastante describiendo a una compañera de trabajo que había tenido en otro empleo.

—Esa persona intentaba llamar mi atención —dijo—, pero yo estaba distraída por mis temas personales y no llegamos a conectar. Entonces estalló el infierno. Parece ser que ella no podía más y estaba cubriendo la falta de progresos escribiendo informes imaginarios. Cuando todo salió a la luz, era demasiado tarde para corregirlo. Perdió su trabajo, la empresa perdió un cliente y un montón de dinero, y yo acabé perdiendo mi empleo porque fuimos incapaces de hacernos cargo de su trabajo. Todo esto se podría haber evitado si yo hubiera estado presente cuando una compañera me pedía ayuda.

A continuación, Beth contó algo que le había pasado a ella un día que estaba sentada en su bicicleta estática, delante de la televisión, intentando leer cuando llegó su hijo y se sentó en el sofá. Enseguida supo que le ocurría algo.

—Una madre sabe esas cosas —dijo—. En el pasado, habría seguido con lo mío mientras hablaba con él. Pero la experiencia y un divorcio me enseñaron que la eficiencia no es siempre la opción más sabia con los seres queridos. De manera que apagué la televisión, me bajé de la bicicleta, dejé las revistas y pasé la hora siguiente escuchando con atención las dificultades que tenía mi hijo. Y me alegré mucho de haber escogido la opción de estar totalmente presente.

Otros miembros del grupo contaron otras historias en las que se mezclaban lo personal y lo profesional. Luego reiteraron su compromiso de estar presentes unos con otros y con los clientes internos.

—Cuando estás presente, muestras consideración hacia la otra persona —añadió uno de los miembros del equipo.

También se comprometieron a estar totalmente presentes cuando discutieran un tema, ya fuera entre sí o con un cliente; escucharían con atención y no se permitirían distracciones. Se animarían unos a otros a preguntar:

—¿Te parece bien que hablemos ahora? ¿Estás presente?

Para apoyarse mutuamente y hacer estas preguntas, establecieron una frase a modo de pista. «Pareces distraído», fue elegida como la pista especial para atraer la atención al tema del momento presente. Todo el mundo estuvo de acuerdo en intentarlo. Y todo el mundo estuvo de acuerdo en no leer o contestar el correo electrónico mientras estuviera hablando por teléfono con un compañero o con un cliente.

El equipo de «Escoger la actitud»

El último fue el equipo de «Escoger la actitud». Su informe verbal fue breve y conciso.

—Estas son las ventajas que nuestro equipo ha identificado como resultado de escoger la propia actitud.

»Primero, al aceptar que cada uno elige su actitud, demuestras un nivel de responsabilidad e iniciativa, que por sí solos llenarán la tercera planta de energía.

»Segundo, escoger tu actitud y actuar como víctima es absolutamente incompatible.

»Tercero, esperamos que la actitud que elijas sea mostrar lo mejor de ti mismo en el trabajo y disfrutar del trabajo que haces. Quizá no podemos hacer aquello que más nos gustaría en este momento, pero todos podemos escoger disfrutar de lo que hacemos. Podemos sacar nuestras mejores cualidades en el trabajo, si elegimos hacerlo. Si lo logramos, nuestra área de trabajo se convertirá en un oasis de energía, flexibilidad y creatividad en una industria dura.

Cómo poner en práctica la elección de la actitud

Margaret, la pletórica portavoz del equipo, sugirió que el plan de ejecución de «Elige tu actitud» era muy personal.

—Muchos de nosotros hemos perdido de vista la posibilidad de escoger. Debemos mostrarnos comprensivos con los compañeros, y al mismo tiempo trabajar juntos para alimentar nuestra capacidad de ejercitar la libre voluntad. Si no sabes que tienes oportunidades o no crees que las tienes, no las tienes. En nuestro grupo hay personas que han vivido experiencias muy difíciles. A algunos nos costará un poco interiorizar la idea de que podemos escoger nuestra actitud.

Otro miembro del equipo prosiguió.

—Hemos identificado dos maneras de aplicar «Escoge tu actitud» y ya hemos dado algunos pasos.

»Primero, hemos comprado para todo el mundo ejemplares de un libro titulado *Personal Accountability: The Path to a Rewarding Work Life* [Responsabilidad personal: el camino hacia un vida laboral satisfactoria]. Una vez que todo el mundo lo haya leído, organizaremos grupos de discusión. Si funciona, celebraremos más reuniones para comentar *Raving Fans* [Admiradores entusiastas], *Los siete hábitos de la gente altamente efectiva*, *Gung ho!* [Dispuestos a todo] y *Un camino sin huellas*. Todos estos libros nos ayudarán a entender el concepto de escoger una actitud.

»Segundo, hemos preparado un menú de actitud para utilizarlo en la oficina. Ya habéis visto una versión parecida antes. No sabemos quién puso el primero en la puerta de la oficina, así que no podemos atribuírselo a nadie. Ahora, cada uno tendrá su menú personal para cada día.

Mary Jane miró su menú de actitud. Tenía dos lados. En uno había una cara enfurruñada y palabras como *enfadado, desinteresado* y *amargado*. En el otro, una cara sonriente con palabras como *energético, cariñoso, vital, auxiliador* y *creativo*. Y encima decía: LA ELECCIÓN ES TUYA. Era una bonita extensión del menú que colgaba de la puerta principal de la tercera planta. Mary Jane se puso de pie y empezó a felicitar a todos y cada uno de los miembros del equipo, seguida de Lonnie, que unos pasos más atrás, daba ánimos a su manera. Cuando terminó de hablar con todos, ya había pasado la hora de comer. Ahora sabía que, entre todos, limpiarían el vertedero de energía tóxica.

Lonnie acompañó a Mary Jane hasta el edificio de First Guarantee. No era de extrañar que atrajeran algunas miradas: una ejecutiva y un pescadero llevando sus respectivos uniformes. Lo sorprendente era que muchos de ellos conocían a Lonnie.

—Entonces tu jefe no sabe nada de la oferta de trabajo, ¿verdad? —dijo Lonnie. Dos semanas antes, Mary Jane había recibido una llamada inesperada del principal competidor de

First Guarantee, que había intentado convencerla para que trabajara con ellos.

—Creo que no. Me parece que hablaron con mi antigua jefa, una mujer que abandonó hace poco First Guarantee por un puesto maravilloso en Portland. Todavía no he dicho nada en el trabajo.

—No entendía por qué habías rechazado una oferta tan lucrativa, pero ahora veo el porqué. Estás implicada en este proceso y no puedes decepcionar a la gente, ¿verdad?

—En parte sí, Lonnie. Pero después de tantos esfuerzos para hacer de First Guarantee un lugar de trabajo mejor y más divertido, ¿para qué me voy a ir? Lo bueno empieza ahora.

Domingo, 7 de febrero: el Café, un año después

Mary Jane abrió el libro *El encanto de las cosas simples*, y volvió al 7 de febrero.

«El tiempo no pasa para estas notas —pensó—. Hace un año yo estaba sentada aquí, sin saber si podría limpiar nunca el vertedero de energía tóxica. De hecho, fue aquí donde descubrí que yo era parte del problema y que necesitaba motivarme a mí misma antes de motivar al grupo.

»Las reuniones de los comités que celebramos en el hotel fueron un gran comienzo. El personal estaba preparado para dar mucho más de sí, pero hizo falta la intervención de unos pescaderos para sacar esas capacidades a la luz. Hoy, la tercera planta es un lugar completamente diferente y el problema ahora es que todos los empleados de la compañía quieren trabajar aquí. Supongo que la energía siempre estuvo allí.

»Y fue una sorpresa que me concedieran el premio que cada año otorga la presidenta de la empresa, que por cierto no se esperaba que le pidiera tantas copias del trofeo: para mí, para Bill, para cada uno de los empleados del departamento, para Lonnie y para cada uno de los pescaderos. Disfruto viéndolo encima de la caja registradora en el famoso puesto de pescado de Pike Place y en un lugar destacado del salón de Lonnie.»

Mary Jane abrió su diario y leyó una de las lecturas favoritas que había seleccionado, un pasaje escrito por John Gardner sobre el significado de la vida.

El significado

El significado no es algo que se encuentra por casualidad, como la respuesta a un acertijo o el premio en la búsqueda de un tesoro.

El significado es algo con lo que vas construyendo tu vida. Lo construyes con tu pasado, con tus afectos y tus lealtades, con la experiencia de la humanidad que se te ha transmitido, con tu talento y tu comprensión, con las cosas en las que crees, con las cosas y las personas que quieres, con los valores por los que estás dispuesto a sacrificar algo. Esos son los ingredientes. Tú eres el único que puedes juntarlos en ese modelo que será tu vida. Permite que la vida tenga dignidad y sentido para ti. Si los tiene, entonces importará menos de qué lado se incline la balanza particular del éxito o del fracaso.

John Gardner

Mary Jane se secó las lágrimas de los ojos mientras cerraba el diario donde guardaba sus pensamientos y sus fuentes de inspiración.

—Lonnie, ¿puedo probar ese bizcocho antes de que te lo acabes?

Lonnie, que había estado sentado cerca de ella, leyendo, empujó el plato en su dirección. Cuando Mary Jane alargó la mano para coger el bizcocho, se encontró en su lugar un diamante engarzado en un anillo de compromiso que descansaba en la enorme boca abierta de la cabeza de un pez. Miró a Lonnie que, nervioso, la contemplaba con cara de interrogación. Ahogándose de risa, dijo:

—¡Cómo eres, Lonnie! ¡Sí! ¡La respuesta es sí! Pero, dime, ¿no vas a dejar de jugar nunca?

Había hecho un día frío, oscuro y feo en Seattle. Sin embargo, ellos habían elegido que todo fuera muy diferente en su interior.

LA CEREMONIA DEL PREMIO DE LA PRESIDENTA

La presidenta subió al podio y miró al público. Ojeó sus notas y luego, levantando la vista, dijo:

—No recuerdo un momento de mi vida en el que me haya sentido más orgullosa que hoy. Algo muy especial ha ocurrido en First Guarantee. En el departamento de procesamiento de datos de la tercera planta, Mary Jane Ramírez y los miembros de su equipo han redescubierto que tener un trabajo que satisfaga y recompense es una elección que podemos tomar todos los días cuando entramos a trabajar. Es tan sencillo como preguntarse: «¿Será un buen día?», y responder: «¡Sí! ¡Yo elijo que hoy sea un gran día!».

»Los empleados antiguos tienen el entusiasmo de los nuevos, y lo que se consideraba un trabajo rutinario se ha transformado en una actividad con un valor añadido. Tengo entendido que los ingredientes de esta transformación fueron descubiertos en una pescadería del mercado local. El equipo de la tercera planta observó que si es posible convertir un puesto del mercado de pescado en un lugar fantástico para trabajar, cualquier departamento de First Guarantee puede elegir hacer lo mismo aquí.

»Los ingredientes de esta transformación están inscritos en una placa que se ha colgado a la entrada de la puerta principal del edificio y dice así:

Nuestro lugar de trabajo

Cuando entre en este recinto para trabajar, *elija* por favor la actitud de hacer que hoy sea un gran día. Los compañeros, los clientes, los miembros de equipo y usted mismo lo agradecerán. Encuentre maneras de *jugar*. Podemos tomarnos el trabajo muy en serio sin estar serios. Esté atento para poder *estar presente* cuando más le necesiten los clientes y los miembros del equipo. Y si siente que le falta energía, pruebe este remedio: busque una persona que necesite ayuda, una palabra de apoyo o sentirse escuchada, y *alégrele el día.*

Agradecimientos

Son muchas las personas que han contribuido a que este libro sea un éxito y queremos nombrarlas a todas, sabiendo que seguramente nos dejaremos alguna. En primer lugar queremos dar las gracias a las personas más especiales, y luego mencionar a cuatro a las que queremos dar un reconocimiento extra.

No podríamos haber encontrado un editor mejor. El talento de Hyperion destaca por encima de las demás editoriales. Entre el fantástico equipo con el que hemos tenido el privilegio de trabajar se encuentran:

Bob Miller, Martha Levin, Ellen Archer, Jane Comins, Michael Burkin, Mark Chait, Jennifer Landers, Claire Ellis, Andrea Ho, David Lott y Vincent Stanley. Damos también las gracias a todo el fantástico equipo de ventas de Time-Warner Trade Publishing.

¿Y cómo tuvimos la enorme suerte de encontrar la mejor agencia del mundo? La agencia Margret McBride cuenta con un reparto estelar:

Jason Cabassi, Donna DeGutis, Sangeeta Mehta, Kris Sauer.

Este libro no existiría si no fuera por la increíble pescadería de Pike Place. Gracias a Johnny Yokoyama, el propietario, y a sus increíbles pescaderos por crear y mantener el puesto de pescado más famoso del mundo.

Y luego están los competentes autores y profesionales de los negocios que han compartido con nosotros su sabiduría y sus palabras. Es un honor haber podido contar con el apoyo de individuos con tanto talento:

Sheldon Bowles, Richard Chang, Peter Economy, Peter Isler, Spencer Johnson, Lori Lockhart, Bob Nelson, Robert J. Nugent, Hyrum Smith, Donald D. Snyder, Richard Sulpizio.

Queremos dar las gracias a los empleados de Blanchard Companies y ChartHouse Learning por los numerosos pequeños gestos que, en total, han sumado una gran ayuda.

Y queremos mencionar a cuatro personas cuya contribución ha sido enorme:

Nuestro editor, Will Schwalbe, que aportó entusiasmo, experiencia y buena voluntad para buscar maneras de mejorar el libro, desde el principio hasta el final.

Patrick North, de ChartHouse, ofreció su talento de ganador del Premio Mobius.

Ken Blanchard aportó su orientación y escribió un fantástico prefacio.

Para acabar, la mejor agente que existe, Margret McBride. Para los escritores es un verdadero tesoro.

Gracias.

Stephen C. Lundin
Harry Paul
John Christensen

Estos recursos le ayudarán a aplicar a la vida la filosofía de *Fish!*

Fish!, el video con el que empezó todo. ¡Clientes encantados! ¡Energía increíble! ¡Auténtica diversión en el puesto de trabajo! ¡En eso consiste la fuerza de *Fish!*

Fish! pega. En este instructivo video, unos pescaderos demuestran cómo se puede seleccionar una visión y ponerla en práctica, diariamente, en un puesto de mercado.

Fish! ayuda. Nuestros discursos clave, seminarios y programas especiales le ayudarán a transformar los desenfadados, pero profundos, mensajes de *Fish!* en conversaciones serias que inspiren acciones que cambien su forma de actuar.

Para más información sobre estos recursos, acudir a www.fishphilosophy.com, o llamar al 1-800-328-3789.

ChartHouse Learning inspira a la gente a desarrollar todo su potencial utilizando recursos de aprendizaje que alegren el corazón, expandan la mente y hagan volar al espíritu. Por favor, visítenos en www.charthouse.com, o llámenos al 1-800-328-3789.

Contacto con John Christensen en :
john@charthouse.com

Contacto con Steve Lundin en:
slrunner@aol.com

Para más información sobre Harry Paul, por favor, ponerse en contacto con:

The Ken Blanchard Companies
125 State Place, Escondito, CA 92029
1-800-728-6000
harryp@blanchardtraining.com

Otros títulos en esta colección

¿Quién se ha llevado mi queso?

Esta fábula simple e ingeniosa puede aplicarse a todos los ámbitos de la vida. Con palabras y ejemplos comprensibles incluso para un niño, nos enseña que todo cambia, y que las fórmulas que sirvieron en su momento pueden quedar obsoletas. El «queso» del relato representa cualquier cosa que queramos alcanzar: «la felicidad, el trabajo, el dinero, el amor», y el laberinto es la realidad, con zonas desconocidas y peligrosas, callejones sin salida, oscuros recovecos... y habitaciones llenas de queso.

Escrito por un autor de fama internacional, este relato está prologado por un renombrado consultor empresarial. Sus enseñanzas han servido de inspiración en todo tipo de compañías y organizaciones empresariales.

Historias de Fish!

Fish! narraba la historia de una empresa ficticia que eliminó las energías tóxicas que saboteaban el desempeño de sus empleados aplicando las lecciones aprendidas de unos pescaderos poco corrientes. El libro describía las cuatro máximas que ayudan a disfrutar de una vida feliz en el trabajo: JUGAR, ALEGRAR EL DÍA A LOS DEMÁS, ESTAR PRESENTE y ESCOGER TU ACTITUD. Estos principios constituyen la esencia de la así llamada Filosofía FISH! .

En *Historias de Fish!* los autores muestran cómo estas lecciones han sido puestas en práctica en empresas de diversa dimensión (desde un importante hospital y una compañía telefónica hasta un pequeño concesionario automovilístico y una empresa de instalación de tejados). En estas historias, gente común y corriente explica las dificultades que encontraron al transformar sus ambientes de trabajo, y cómo lograron vencer la desgana, la resistencia al cambio y el desgaste físico y emocional de los empleados.